制药工程实验

主　编：徐海星
副主编：徐文瑨　刘　霞
参　编：何　梦　张雪琼　滕汉兵
李湘南　程小霞　龚清格

武汉理工大学出版社
·武　汉·

图书在版编目(CIP)数据

制药工程实验/徐海星主编. —武汉:武汉理工大学出版社,2020.10
ISBN 978-7-5629-6337-0

Ⅰ.①制… Ⅱ.①徐… Ⅲ.①制药工业-化学工程-实验-高等学校-教材
Ⅳ.①TQ46-33

中国版本图书馆 CIP 数据核字(2020)第 196136 号

项目负责人:王兆国　　**责任编辑**:雷红娟
责任校对:李兰英　　**版面设计**:正风图文
出版发行:武汉理工大学出版社
地　　址:武汉市洪山区珞狮路 122 号
邮　　编:430070
网　　址:http://www.wutp.com.cn
经 销 者:各地新华书店
印 刷 者:武汉中远印务有限公司
开　　本:710×1000　1/16
印　　张:11
字　　数:186 千字
版　　次:2020 年 10 月第 1 版
印　　次:2020 年 10 月第 1 次印刷
定　　价:49.00 元
凡购本书,如有缺页、倒页、脱页等印装质量问题,请向出版社发行部调换。
本社购书热线电话:027-87515778　87515848　87785758　87165708(传真)

前　言

制药工程专业是一门实践性极强的应用型专业，目标是培养具有宽厚的理论知识，同时具有较强的创新意识、创新能力及实践技能的高素质人才。为了达到实验教学的效果，本实验将采用以下教学方法：

1. 严格考评所有学生对实验室各项规章制度的学习和理解情况。严格考评学生对实验基础操作技术的掌握程度，保证“人人过关”。

2. 改进教学策略和模式，通过“学”和“思”相结合的教学模式，使学生参与“自主探究”。

3. 改革教学方法及考核方法，改变传统的“教师示范，学生模仿”方法，采用“共同学习与探讨，教师示范与引导，学生自主”的教学方法；改变在考试内容方面过分强调书本知识的做法，从实验规划、操作、卫生和纪律等各方面综合考评。

4. 提高教学效果，通过在项目立项、统筹规划、实际安排和具体实施等方面训练学生，从而引导学生改变思维方式，提高创新能力、统筹规划能力和具体实践技能。

本书遵循适用性、科学性和启发性的原则，从实验目的、原理、材料、方法、结果分析等方面入手，较为系统地介绍了各实验。本书强调学生独立进行实验，注重培养学生分析问题和解决问题的能力。为了保证达到相关实验的预期目的，要求学生必须做到：

1. 实验前认真预习，明确实验目的，了解实验的方法、步骤和基本原理。

2. 实验过程中要正确操作、仔细观察、认真记录和深入思考。

3. 严格遵守实验室各项制度，注意安全，爱护仪器，节约药品。

4. 听从教师指导。实验完毕，应把实验桌整理干净。根据实验记录，认真处理数据，分析问题，将实验报告按时交给指导老师。

本书具体编写分工如下：第 1 章由何梦编写，第 2 章由徐文瑨编写，第 3 章和附录 1 由李湘南编写，第 4 章由滕汉兵编写，第 5 章、附录 2、附录 3 由徐海星、张雪琼编写，第 6 章由刘霞编写，第 7 章由龚清格编写。全书由徐海星负责统稿。本书能满足制药工程专业各个课程方向多层次的实验教学需要，通过制药工程专业实验训练，培养学生从生药、原料药到药品成品生产及质量控制整个药品生产流程中的实验技能和药品生产过程中解决实际问题的能力，力求使学生掌握制药基本实验操作技术、独立实验能力和药品研发的创新思维能力。

本书可作为制药工程、生物制药、药学（中药学）等相关专业学生的实验课教材。

由于时间有限，书中错漏之处在所难免，敬请读者批评指正。

编　者

2020 年 4 月

目　录

1 药理学实验

1. 基础知识及须知

(1) 药理学实验课的目的和要求

药理学实验目的在于通过循序渐进的基于整体-器官-分子水平的常规实验,使学生深入理解药理学的基本理论知识,同时培养学生独立思考的科研思维、综合分析问题和解决问题的能力,力求使学生有严谨的科研态度,有解决实际问题的能力,为后续深造和毕业后踏上工作岗位打下坚实的基础。

基于以上目的,学生必须做到以下四点:

① 实验前仔细阅读实验讲义。明确本次实验的目的、原理、方法、操作步骤和注意事项,预测在实验过程中可能出现的突发状况并尽量避免。实验前仔细阅读操作说明书,熟悉各种仪器的操作使用规程。

② 实验时保持实验室内的安静整洁,注意实验安全。实验药品和器材提前清点好,放置整齐,做到有条不紊。实验中严禁虐待、戏耍和恐吓实验动物。(上述情况一旦被发现,该生实验资格被立即取消。)在教师的指导下,严格按照操作步骤进行,细心、耐心观察实验过程中的各种实验现象,实事求是地记录所有实验参数和数据,不得篡改、捏造、删减实验数据,如有记录错误,必须由本人修改后再签名。得到实验结果后联系理论内容对实验现象进行分析思考。

③ 实验后按照操作规程整理及关闭实验仪器,清点并将药品、器材(擦洗干净后)放回规定位置,清扫实验室。将实验用的动物送到指定地点处理。按照要求整理好实验相关内容,包括实验原始记录、照片、数据资料等。实验结束后,尤其要注意注明实验的题目、实验动物(种属、来源、实验动物合格证编号、性别、体重和数量等)、给药方式、给药剂量及给药时间等,使结果条理清楚,内容完整,一目了然。结合实验内容及实验结果,复习相关的药理学理论知识,做到心中有数并能最大程度延伸思考,发现问题及解决问题。

④ 实验报告写作要求:用统一的实验报告纸书写,在指定时间内交给任课教师评阅,禁止抄袭或捏造数据。实验报告要求字迹工整、语言精练、逻辑清楚、观察细致耐心、记录准确、结论分析有理有据,思考题回答正确。

(2) 药理学实验设计的基本知识

药理学实验是研究药物与机体之间相互作用规律的实验。在实验设计过程中,要根据实验目的和条件,结合统计学的要求,针对实验研究的全过程,进行实验设计。在实验设计过程中要遵循对照原则、随机化原则和重复原则三大原则,从而保证实验数据的客观性和可靠性。

① 对照原则:在药理学实验中,为了对比观察机体在某受试品(如药物)的作用下产生的特异性变化,必须排除非实验因素的影响以减小实验误差,保证实验结果的可比性和正确性。这就要求各组的实验对象之间除了受试品外,所有非处理因素尽量保持一致,从而根据处理与不处理之间的差异,了解此受试品的特殊效应。常用的对照组有以下几种:

A. 正常对照(又称空白对照):是指在实验中不施加受试品但是给予相同容积的溶剂处理的对照组。

B. 阳性对照:是指选用与受试品近似且已知的有效药物做对照。

C. 自身对照:在同一受试个体上进行处理前后的比较,或者两种处理一前一后的比较。

D. 模型对照:复制疾病模型,给以同体积不含受试品的溶剂处理,与实验组进行比较。

E. 溶剂对照:当受试品需要在特殊溶剂中溶解时应设立溶剂对照组,以排除溶剂对实验结果的影响。

② 随机化原则:随机化是指按照机遇相等的原则对受试动物进行抽样或分组,使受试动物被分配到各组的机会均等,减小人为因素对实验结果造成影响。在实验过程中,可采用随机数字表、抽签法等方法对受试动物进行分组。

随机数字表法如下:

A. 动物标号:将所有受试动物随机标号,也可以按照体重大小标号(尤其是与肥胖相关的实验)。

B. 采用随机数字表或计算机(Excel 可制作随机数字表)或者计算器随机获得相应数据,将数据分为相应组数。因此,每个受试动物的编号是随机的。

C. 确定组别:依据受试动物分组,随机安排每一组受试动物属于哪一组。

③ 重复原则:为了实验结果的可靠性及可再现性,实验需要足够多的样本。样本越多,重复的次数越多,实验结果的误差则越小,可信度越高。但是并不是实验动物的数量越多越好。实验动物福利委员会规定所有动物实验需

遵循“3R”原则，即：

A. 减少(reduction)：指在科学研究中，使用较少量的动物获取同样多的实验数据或使用一定数量的动物能获得更多实验数据的科学方法。

B. 替代(replacement)：指使用其他方法而不用动物所进行的实验或其他研究课题，以达到某一实验目的，或是使用没有知觉的实验材料代替以往使用神志清醒的活的脊椎动物进行实验的一种科学方法。

C. 优化(refinement)：指在符合科学原则的基础上，通过改进条件善待动物，提高动物福利，完善实验程序和改进实验技术，避免或减轻给动物造成的与实验目的无关的疼痛和紧张不安的科学方法。

因此，每组受试动物的数量是经过严格计算得出来的。

在某种情况下，样本量可采用以下公式计算：

$$N=Z^2\times[P\times(1-P)]/E^2$$

式中 N——样本量。

Z——统计量，置信度为95%时，$Z=1.96$；当置信度为90%时，$Z=1.64$。

P——概率值。

E——误差值。

综合以上实验设计原则进行实验设计。举例如下：

设计实验以检测受试物对阿尔兹海默症的治疗效果及药理作用机制，见表1-1。

表1-1 受试物对阿尔兹海默症的治疗效果及药理作用机制

组别	组别	小鼠	剂量	给药频率	给药方式	给药体积	每组动物数
1	正常对照溶剂对照组	野生型小鼠，雄性	等量溶剂	一天一次，持续100天	腹腔注射	100 μL	12
2	模型组	APP/PS1小鼠，雄性	等量溶剂	一天一次，持续100天	腹腔注射	100 μL	12
3	阳性对照组	APP/PS1小鼠，雄性	阳性药物剂量	一天一次，持续100天	腹腔注射	100 μL	12
4	受试物低剂量	APP/PS1小鼠，雄性	低剂量	一天一次，持续100天	腹腔注射	100 μL	12

续表 1-1

组别	组别	小鼠	剂量	给药频率	给药方式	给药体积	每组动物数
5	受试物低剂量	APP/PS1 小鼠,雄性	中剂量	一天一次,持续 100 天	腹腔注射	100 μL	12
6	受试物低剂量	APP/PS1 小鼠,雄性	高剂量	一天一次,持续 100 天	腹腔注射	100 μL	12
7	药物对照组	野生型小鼠,雄性	高剂量	一天一次,持续 100 天	腹腔注射	100 μL	12

此外,实验设计中要注意细节,保证所有因素均在考虑范畴内,从而得到精确的实验结果。例如,在设计受试物对糖尿病的药效实验及机制探索过程中,由于摄食能迅速影响胰岛素的分泌,为保证实验数据准确性,所有实验动物在测血糖、血清胰岛素之前应清空实验动物的食物,从而保证实验动物处于空腹状态,再检测空腹血糖、空腹胰岛素、胰岛素敏感指数等指标。

(3) 药理学实验数据的整理及分析处理

① 药理学实验原始记录

由于药理学实验原始记录对后期的实验数据整理、分析至关重要,因此原始记录一定要做到有逻辑、字迹规整、记录详细且不得随意涂改。记录内容主要包括:实验时间、实验名称、实验方案、实验材料、实验过程、观察指标、实验结果和分析讨论。

A. 实验时间:必须如实记录实验时间,不得随意涂改或不写。

B. 实验名称:实验开始前必须仔细阅读实验讲义,写好实验名称。如果是多名学生合作的小组实验,必须在下方注明实验人员及个人负责的实验步骤。

C. 实验方案:实验方案是本实验的依据,必须要让实验方案设计者签名(请注明参考文献及其他资料的来源,若是对实验方案做出修改,也必须注明文献出处)。

D. 实验材料:详细列明实验材料来源,包括:(a)实验动物必须注明实验动物种属、年龄、性别、体重、来源、微生物级别控制和合格证编号(请将相关内容复印,附于实验记录本上)等重要信息;(b)试验菌株(瘤株)或传代细胞必须列明其品系、来源及传代次数等信息;(c)实验仪器必须详细列出仪器名称、仪器型号、生产厂家及相关参数等信息;(d)实验药品需详细列出药品名称、分子式和试剂纯度及生产厂家等信息;(e)自制的试剂必须详细列出配制方法、配制时间、配制人员和保存条件及保质期等信息。

E. 实验过程:详细记录实验步骤及其他信息等。包括:(a)详细说明所用试剂的剂量、浓度和体积等重要参数。在记录过程中不要采用"加入某某试剂适量、少许"等模糊用语,应使用"加入某某试剂 30 mL"等具有量化数据用语,让实验过程清晰明了、有理有据,从而具有很强的可操作性;(b)详细记录人员操作过程及现象,是否遇到异常情况、其相应处理方式及原因分析,以及是否对原实验造成影响等。

F. 观察指标:详细列出本实验拟观察指标。

G. 实验结果:准确专业地记录实验现象及结果(包括观察指标的实验数据或定性观察指标的实验变化)。所有实验结果禁止涂改或删减。如若发现错误,修改后请相关人员签名及记录修改时间并注明修改原因。

H. 分析讨论:结合药理学理论课程所学知识对每批实验的结果做数据分析和总结,最后给出文字小结。

② 药理学数据分析处理

在药效实验中,所有数据采用 Mean±SD 或者 Mean±SEM 表示。可采用数据分析软件(常用 SPSS 软件和 Graphpad Prism 软件)对数据做统计分析。例如,SPSS 软件,首先采用 Kolmogorov-Smirnov test 检测数据是否存在异常分布。如果数据是正态分布,则采用 t 检验或者单因素方差分析等不同分析方法(根据实验设计组别及实验目的来选择检测方法)分析组间的统计学差异。如果数据呈非正态分布,则采用 Kruskall-Wallis test 和 Mann-Whittney U test 做分析。采用 Pearson 或者 Spearman 分析对数据做相关性分析。$P<0.05$ 表示差异具有统计学意义。

③ 药理学实验报告的书写

实验报告是实验人员对实验工作进行的简明扼要的文字总结,是评定药理学实验课成绩的重要依据之一。学生完成一次实验必须提交相应的实验报告,实验报告格式如下:

姓名：	学号：	专业：
课程名称：	班级：	
实验项目名称：	指导教师：	
实验地点：	实验时间：	
一、实验目的与原理		
二、实验仪器及材料		
三、实验内容及步骤		
四、实验结果		
五、问题讨论		

在写实验报告过程中要注意：

A. 药理学实验报告的撰写需要有较好的文字表达能力，严谨的科学及逻辑思维能力，同时要有客观的分析问题及解决问题的能力，尽量避免主观思维的干扰。因此写实验报告是培养学生分析能力、思维能力、论文写作能力、科学思维和逻辑思维的重要方式。

B. 实验结果要求实事求是，遵循客观性原则。禁止实验人员选择符合主观愿望的实验结果而删除与自己实际愿望不符的实验数据。同时，实验人员要注意切忌脱离实验结果而将教材中的知识生搬硬套，抄写入自己的实验结果讨论中，一切以尊重客观事实为原则。

2. 药理学实验常用动物的基本知识和给药方法

(1) 常用实验动物种类

药理学实验用动物主要有小鼠、大鼠、豚鼠、家兔、猫、犬及蛙和蟾蜍等。根据不同的实验目的和要求而选择不同的实验动物。遵循的原则是：所选用的动物要能够较好地反映受试药物（化合物）的药理作用，同时节约成本。例如检测某受试药物（化合物）给药后的血药浓度曲线及组织分布，药物急性毒性或长期毒性时，常选择小鼠或者大鼠。因为小鼠和大鼠品系清楚、繁殖快、比较经济方便。而抗过敏实验多选用豚鼠，因为豚鼠对组胺特别敏感。此外，小鼠无汗腺，无法通过皮肤排汗来进行体温调节，散热通常是靠尾部，因此小鼠不能用于与排汗相关药理实验中。此外，动物的种属、系别、性别和年龄的差异往往造成不同品系动物对药物的反应不一致，因此在选择动物时应当注意不同实验对动物种属、系别、性别及年龄等方面的要求。例如，非典型性抗精神病药物，尤其是奥氮平在使用过程中会造成机体体重增加/肥胖等副作用。在动物实验造模时通常选用雌性大鼠或者小鼠。因为雌性大鼠或小鼠服用奥氮平后机体体重增加的趋势与临床奥氮平所致肥胖类似，然而雄性大鼠或小鼠服用奥氮平体重并不增加。此外，心血管实验常选用大鼠、猫或犬。离体心脏实验常选用蛙或兔等。

(2) 常用实验动物的特点

① 小鼠(mouse) 哺乳纲、啮齿目、鼠科、鼠属、小家鼠种。小鼠品性温顺、繁殖力强、性成熟早、价格低廉，便于大量繁殖。同时，同种小鼠的性别、年龄及体重要求也比较容易满足，生活条件容易控制，因此适用于需要大量动物的药理实验，如药物筛选、药物半数致死量测定及最大耐受剂量测定等。与此同时，小鼠对多种疾病有很强的易感性，可以用于复制多种疾病模型，例如肿瘤(肝癌、肺癌等)、癫痫、肥胖(如高脂饮食所致肥胖)、糖尿病、白血病、神经退行性疾病(如多发硬化症、帕金森氏症及老年痴呆)和纤维化疾病(肝纤维化和肺纤维化等)等。因此，小鼠是药物毒性及药物机理研究的重要实验动物。此外，小鼠对多种病毒、细菌和寄生虫具易感性，因此适用于脑炎、流感、狂犬病及血吸虫感染等多种疾病的研究。目前常用的小鼠品系已经有1000多个，在国际上广泛应用的品系有限，主要包括C57BL/6、C3H、BALB/c和DBA等品系。其中，昆明种(KunMing，KM)小鼠是我国生产量和使用量最大的远交种小鼠，毛色为白色。KM小鼠抗病力和适应力强，繁殖力强，成活率高，因此常用于我国各高校药理学实验。

② 大鼠(rat) 哺乳纲、啮齿目、鼠科，是野生褐家鼠的变种。大鼠的繁殖特性与小鼠相似。大鼠在药理学方面广泛应用于药物毒性研究、致畸胎研究、肿瘤研究、传染病研究、神经内分泌研究(如糖尿病)、代谢性疾病研究(如动脉粥样硬化、营养不良等)以及药物药效及安全性评定等方面。此外，大鼠对药物所致炎症反应和情绪反应敏感，行为表现多样。一些在小鼠身上不便进行的实验可选用大鼠，如药物的抗炎实验常选用大鼠踝关节炎模型。大鼠还可以用于应激反应、老年疾病和心血管疾病等疾病的研究。现在全世界已培育出100多个近交品系，常用的大鼠近交品系有ACI、F344/N、Wistar和Spraque

Dawley 大鼠等。

③ 豚鼠(guinea pig)　哺乳纲、啮齿目、豚鼠科，又名天竺鼠和荷兰猪。豚鼠性情温顺、性成熟早、嗅觉和听觉发达，是实验室常用动物之一。豚鼠对某些特定物质敏感，例如组胺(会导致支气管痉挛性哮喘)，因此豚鼠常用于平喘药和抗组胺药物的药理研究。豚鼠对结核菌也敏感，常用于抗结核药的研究。此外，豚鼠体内不能合成维生素 C，因此是目前唯一用于研究实验性坏血病的动物。豚鼠品种主要有英国种、安哥拉种、秘鲁种和阿比西尼亚种。我国饲养的豚鼠是 1919 年从日本引进的，追溯为英国种。

④ 兔(rabbit)　哺乳纲、兔形目、兔科。家兔温顺、易饲养、易得到，常用于观察药物的药代动力学研究、有机磷农药中毒和解救药理实验、药物对心脏和血压的影响实验、眼科疾病的药物筛选及毒性评价实验、胆固醇代谢和动脉粥样硬化的研究等。此外，家兔常用于研究热原检查、避孕药实验、体温调节实验，以及用于制备高效价和特异性抗体。目前常用的家兔品系有日本大耳白兔、新西兰白兔、中国本兔和青紫兰兔等。

⑤ 猫(cat)　哺乳纲、食肉目、猫科。与兔相比，猫对外科手术的耐受性较强，血压较稳定，因此常用于下丘脑功能研究及血压研究方面的实验。

⑥ 犬(dog)　哺乳纲、食肉目、犬科。犬的环境适应能力强，易驯养，然而其饲养环境要求稍高，价格较高。在药理实验需大动物时，常用犬。犬可用于观察药物对冠状动脉血流量的影响、降压药及抗休克药的研究等。犬经过训练可顺从于人，因此常用于慢性实验研究，如条件反射实验等。此外，犬常用于新药研发流程中临床使用前的毒性实验、代谢实验和药理实验等。犬品种繁多，世界上犬的品种已近 300 种，药理实验常用的是比格犬(原产英国)、华北犬和西北犬。

(3) 常用实验动物的编号

在药理实验过程中，为了观察记录每一只动物的病况变化，同时避免实验过程中动物被混淆，必须在实验前对所有动物进行编号。对于犬、兔等较大的动物可将号码标记于特制的号码牌上，实验时固定于耳朵或者狗链条上。对于白色家兔、小鼠和大鼠可用黄色苦味酸、0.5%中性品红、2%硝酸银溶液、煤焦油的酒精溶液等涂染体毛标号。其中最常用的是 3%～5%的苦味酸溶液。苦味酸溶液持续时间较长(长于 1 个月)，对慢性实验尤其适合。如果是急性实验，可以直接用不同颜色的油性记号笔在尾部做标记。

(4) 常用实验动物的捉拿方法

实验动物规范的捉拿和固定是药理学实验最基本的操作之一，是药理学实验顺利进行的基本保证。正确的动物捉拿可有效防止实验人员被动物咬伤或抓伤，也可防止实验人员刺激和激怒动物，从而显著干扰实验动物正常的生理活动，影响实验结果。例如，如果捉拿不当造成动物过度紧张会对动物的行为学实验、摄食实验和神经内分泌实验造成显著性影响。以下为常规实验动物的捉拿方法：

① 小鼠　捉拿方法有2种：(a)用右手提起小鼠尾部，将小鼠放在鼠笼盖铁网或其他较为粗糙的台面上，向后上方轻拉，在小鼠试图向前爬行时，迅速用左手拇指和食指捏住两耳及颈背部皮肤，置于手心，右手拉直四肢，用左手无名指压紧尾部即可；(b)只用左手抓小鼠，先用食指和拇指抓住小鼠尾端，再用手掌尺侧及小指夹住尾根，然后用拇指及食指捏住其颈部皮肤即可。

② 大鼠　由于大鼠（尤其是雄性大鼠）体型较大，为了防止被其咬伤，如果需要，实验人员可以戴帆布手套操作。捉拿时，先用右手抓住鼠尾，将大鼠放在粗糙平台或鼠笼上，左手拇指和食指抓紧两耳和头颈部皮肤，其余三指捏紧背部皮肤即可。注意，一定要抓对位置以固定其头部防止被动物咬伤。但捉拿时不要用力过大，以免引起动物窒息。也可将左手拇指和中指放入大鼠腋下，等大鼠伸开前肢时握住动物。

③ 豚鼠　捉拿时以拇指和中指从豚鼠背部绕到腋下，另一只手托住其臀部，再拿起来。

④ 兔　捉拿时右手抓其颈背部皮肤，轻轻将兔提起，左手托住家兔臀部，使其有安全感。禁止采用直接抓住家兔双耳提起的方法。

⑤ 猫　捉拿时先安抚，再抓住其颈背部皮肤并用另一只手抓其腰背部。为了避免被其抓伤，操作时应戴手套。

⑥ 犬　为防止犬咬人，在实验前应将其嘴绑住。可用专用的嘴套将犬嘴套住并将嘴套上的绳带拉至耳后颈部打结固定。

(5) 常用实验动物（大、小鼠和家兔）性别鉴定

① 小鼠和大鼠　雄性小鼠和大鼠可见阴囊，性器官与肛门距离较远，二者间有毛。雌性小鼠和大鼠性器官与肛门距离较近，腹部有乳头。

② 兔　成年雄兔的泄殖孔附近有阴囊。成年雌兔肛门前方有距离非常近的尿道口和阴道口。此外，雌兔的腹部有五对较明显的乳头。

(6) 常用实验动物（大、小鼠）的给药方法

① 小鼠

A. 灌胃法

左手固定住小鼠后，使其腹部朝上，颈部伸直，右手持灌胃针头注射器斜

着自口角插入口腔，再从舌面沿着上颚进入食道。注意，可用灌胃针向后上方压迫小鼠头部，使口腔与食道成一直线，再轻轻将灌胃针推进食道。针头插入时应无阻力，有漏空感。如果插入不顺畅，小鼠反应剧烈，则可能是插入了气管，应立即退出，以防造成小鼠气管损伤或者死亡。小鼠灌胃容量为0.1～0.3 mL/(10 g)。操作时要细心，密切观察小鼠的反应，切忌粗暴。

B. 腹腔注射

左手固定小鼠，使小鼠腹部朝上，头部向下倾。右手食指和中指持注射器，右手小指站立于左手手掌后方起支撑作用(防止注射过程中手部抖动)。在左或右侧下腹部以45°角将针头刺入腹腔(针孔朝上)，应有明显的落空感，进针位置不能过高以防伤及小鼠内脏，轻推药液时应基本无阻力感。如果腹部鼓包，则进针太浅；如果进针太深，可能伤及内脏。一次注射量为0.1～0.3 mL/(10 g)。

C. 皮下注射

左手固定小鼠后，将小鼠置于鼠笼或糙面上，右手将装有药液的注射器针头刺入背部或腋部皮下即可。拔针时，轻捏针刺部位5 s，防止药液漏出。注意针头刺入皮下时要小心，防止扎伤手指。

D. 尾静脉注射

将小鼠置于固定器内使其尾部露出。尾部用75%的酒精棉球擦拭或采用40～45 ℃温水浸泡半分钟，使其血管充血且表皮角质软化。以拇指和食指捏住尾根部的两侧，阻断尾部静脉回流，使尾静脉明显。再用无名指和小指夹住尾尖，中指托起尾巴，用4号或5号针头选其一侧尾静脉穿刺(针头尽量与静脉平行)。如针头在血管内，则推注药液无阻力，否则皮肤隆起发白，此时可退回针头重新穿刺。注射完毕后，用棉球按压片刻止血。静脉注射时注射量为0.05～0.1 mL/(10 g)。

② 大鼠

A. 灌胃法

大鼠灌胃方法与小鼠类似。采用的灌胃管长6～8 cm(将灌胃针安装在5 mL的注射器上)，灌胃针尖端较钝，尖端呈球状。插管时和小鼠相似，注意防止灌胃针插入气管，大鼠一次灌胃药量为1～2 mL/(100 g)。

B. 腹腔注射

与小鼠相同。

C. 皮下注射

大鼠皮下注射位置为背部或大腿外侧皮下。操作时，轻轻拉起注射部位皮肤，将针刺入注射部位皮下，轻推药液即可。一次注射量为 1 mL/(100 g)。

D. 尾静脉注射

大鼠采用固定器固定后，露出尾部。注射前用 75%的酒精棉球擦拭或者 45～50 ℃温水浸泡尾部，使尾静脉充血，易于穿刺。一次注射 0.3～0.5 mL/(100 g)。如果是麻醉大鼠，也可采用舌下静脉给药。

(7) 常用实验动物(大、小鼠和家兔)的取血方法

① 大、小鼠

A. 尾尖取血：本方法适用于采取少量血样。取血前先使鼠尾血管充血，然后剪去尾尖(1～2 mm 即可)，血立即从尾尖流出。

B. 球后静脉丛取血：左手食指按鼠眼睛后使小鼠眼球轻度突出，暴露眼底球后静脉丛(基于动物伦理和福利原则，本采血方式建议在不影响实验结果的前提下麻醉动物)。右手取一根虹吸管或连有注射器的粗钝针头沿着内眦眼眶后壁小心刺入，轻轻转动再缩回，血液则流入管内。在得到所需要血量后，抽出吸管或者针头，将小鼠止血后放回鼠笼休息。

C. 摘除眼球采血：左手抓住大(小)鼠颈部皮肤，将动物轻压在实验台上，取侧卧位。注意，左手食指尽量将小鼠眼周皮肤往颈后压，使眼球突出。用眼科弯镊迅速夹去眼球，将鼠倒立，用相应容器接住流出的血液即可。采血完毕后立即用纱布压迫止血。每次采血量 0.6～0.1 mL。本种采血方式对动物较为残忍，有悖于实验动物福利委员会对实验动物福利的要求，因此如非必要，建议不采取本种方式取血。

D. 心脏取血：在实验结束时，大(小)鼠深度麻醉(或者二氧化碳安乐死)后，小心快速开胸，暴露心脏。采用相应型号针头小心刺入动物右心室，感觉到漏空感后抽取相应量的血液，注入加入了抗凝剂的采血管即可。注意采血过程中针头不要插入太深或太浅，否则会扎穿心脏或者针头滑出导致心脏流血。

E. 断头取血：在实验结束时，剪去鼠头或剪断一侧颈总动脉，收集自颈部流出的血液。本种采血方式对动物较残忍，有悖于实验动物福利委员会对实验动物福利的要求，因此如非必要，不建议采用断头方式取血。

② 家兔

A. 家兔耳缘静脉取血：局部去毛后，用酒精棉球涂擦或电灯照射加热待取血部位，使静脉充血。直接用粗针头小心将静脉刺破后让血自然滴入已加入抗凝剂的器皿中。

B. 家兔心脏取血：家兔取仰卧位，在心尖搏动最明显位置小心将采血针垂直刺入胸腔，当持针的手感到心脏搏动时，再稍进针进入心脏，然后抽出血液即可。取血时，要认真操作，禁止用针头在胸腔内左右探索。

(8) 常用实验动物(大、小鼠)安乐死方法

实验结束后，常需将大(小)鼠处死，常用的方法如下：

① 颈椎脱臼法

左手用镊子或手指压住大(小)鼠的后头部，右手捏住鼠尾，快速稍用力向上牵拉，使动物颈椎脱臼死亡。本法中小鼠立即死亡，不会使小鼠受到巨大刺激。

② 麻醉后心脏采血法

大(小)鼠麻醉后，开胸取血，动物死亡。

③ 二氧化碳安乐死方法

该方法是诱导啮齿类动物尽可能快和无痛苦死亡的常用方法之一。必须由经培训的人员使用该技术、设备和试剂。首先，打开二氧化碳阀门，在密闭箱中充入部分二氧化碳。然后抓取动物轻柔放进密闭箱，继续缓慢充二氧化碳，直到大(小)鼠无自主呼吸 2～3 min、瞳孔扩张、眨眼反射消失即可。注意本操作必须在良好的通风环境中进行。

1.1 动物基本操作技术

一、实验目的

1. 掌握动物(大鼠、小鼠)的捉拿、固定、编号、麻醉、取血、给药及安乐死的规范操作。掌握常规器械的正确使用方法，会进行动物解剖和组织采集，并能对器官功能进行介绍。

2. 熟悉手术器械使用方法。

3. 了解常规采血方法和大鼠心脏采血方法。

二、实验重点和难点

1. 重点：动物的捉拿、固定、取血及安乐死的规范操作；常规器械的正确使用方法；动物解剖；组织采集和器官功能介绍。

2. 难点：小鼠尾静脉注射。

三、实验动物

KM小白鼠（雌雄各半）共50只、SD大白鼠（雌雄各半）共16只（实验动物数量根据具体人数调整）。应预防实验动物在实验过程中死亡。

四、药品及器材

1. 器材：1 mL注射器、2 mL注射器、小鼠灌胃针、胃针、天平、常规实验动物手术器械套装。

2. 药品：生理盐水、7%水合氯醛。

五、实验内容

1. 大、小鼠的捉拿、固定和辨雌雄。
2. 大、小鼠的给药（灌胃、腹腔注射、静脉注射和皮下注射）。
3. 大、小鼠的采血（眼眶采血、尾静脉采血和心脏采血）。
4. 大、小鼠处死。

六、实验结果与分析

考核所有学生最基本常规操作，包括小鼠的抓取、辨别雌雄、灌胃和腹腔注射。小鼠尾静脉注射有一定难度，需要多练习。小鼠灌胃要避免灌入小鼠气管，造成小鼠死亡。

七、实验结论

不同给药方式以及所给剂量不同，会对药物吸收及药物作用造成不同影响。

八、思考题

1. 分析不同给药方式的剂量范围。
2. 分析不同剂型的药物及不同药物（例如肽类药物）适合怎样的给药方式，为什么？

1.2 不同给药途径对药物作用的影响

一、实验目的

1. 掌握硫酸镁的药理作用，腹腔给药和灌胃的标准操作，以及不同给药方式对硫酸镁和水合氯醛作用的影响。

2. 理解硫酸镁和水合氯醛的药理作用和不良反应。不同给药方式对药物作用速度的影响：腹腔注射＞吸入＞舌下＞直肠＞肌内注射＞皮下注射＞口服＞皮肤。

3. 了解小鼠的基本生理学特性、药理学实验设计原理和方案及可行性分析。

二、实验原理

药物在体内产生的效应是多种因素综合影响的结果。药物的剂量、剂型、给药途径、患者的生理因素及病理状态等，都可影响药物的作用。然而这种影响不仅仅体现在药物作用的强度，有时还可改变药物作用的性质。

不同剂量产生的药物作用是不同的。在一定范围内，药物剂量越大，药物在体内浓度越高，作用越强。然而，有的药物在不同的剂量下可产生不同性质的作用。例如临床上常用的急救药阿托品在逐渐增加剂量时，可依次出现心悸、散瞳、腹胀、面部潮红、兴奋躁动、神经错乱等效应。

有的药物给药途径不同，可出现不同的药理作用，如硫酸镁口服不易吸收，导致肠内高渗，减少水分吸收，刺激肠蠕动从而产生导泻作用；而硫酸镁注射给药可使血液中 Mg^{2+} 浓度升高，使骨骼肌松弛，同时对中枢神经和心血管系统产生抑制作用，从而产生抗惊厥和降压作用。

此外，两种或两种以上药物同时应用或先后应用，可能会产生一定的协同作用或拮抗作用，使药效加强或减弱，使毒副作用增加甚至出现新的毒副作用，例如 CYP450 诱导剂或抑制剂。

三、实验重点和难点

1. 重点：硫酸镁和水合氯醛的药理作用、腹腔和灌胃给药的标准操作、突发情况处理。

2. 难点：实验动物给药后实验现象的观察，水合氯醛药理作用和不良反应。

四、实验动物

成年 KM 小白鼠（雌性），体重 20～22 g，共 8 只（实验动物数量根据具体实验人数调整）。

五、药品及器材

（1）器材：1 mL 注射器、灌胃针头、天平、250 mL 烧杯和油性笔。

（2）药物：10％硫酸镁、7％水合氯醛。

六、实验内容

1. 取体重相近的小白鼠 4 只，用油性笔在尾部标号。1、2 号腹腔注射 10％硫酸镁溶液 0.1 mL。3、4 号口服（灌胃）10％硫酸镁溶液 0.6 mL。观察两组小鼠是否出现肌张力变化及腹泻现象，并记录该现象出现的时间。

2. 取体重相近的小白鼠 4 只并编号（5～8 号），5、6 号腹腔注射 7％水合氯醛 0.15 mL/(20 g)，7、8 号口服（灌胃）7％水合氯醛 0.15 mL/(20 g)。密切关注小鼠的变化，包括小鼠仰卧时呼吸、心跳是否均匀，肌肉是否松弛，四肢有无活动，有无胡须触碰反应等指标。记录小鼠达到完全麻醉的时间。

七、实验结果

1. 实验 1（四个人合作，自行分组，每人一只）及其结果记录见表 1-2。

表 1-2　实验结果记录（一）

编号	体重(g)	药量(mL)	给药途径	给药前		给药后	
				肌张力	大小便	肌张力	大小便
1、2		硫酸镁 0.1	腹腔注射				
3、4		硫酸镁 0.6	口服				

2. 实验 2（四个人合作，自行分组，每人一只）及其结果记录见表 1-3。

表 1-3　实验结果记录(二)

编号	体重(g)	药量(mL)	给药途径	给药前		给药后(记录症状出现的时间)	
				呼吸,肌肉是否松弛	胡须触碰反应,四肢活动	呼吸,肌肉是否松弛	胡须触碰反应,四肢活动
5、6		水合氯醛 0.15	腹腔注射				
7、8		水合氯醛 0.15	口服				

八、结果分析

硫酸镁可随着给药途径不同而产生不同的药理作用。硫酸镁腹腔注射给药会抑制中枢及外周神经系统,使骨骼肌、心肌和血管平滑肌松弛,从而产生松弛和降压作用;而硫酸镁灌胃时,肠道很少吸收硫酸镁,从而增加了肠容积而促进肠道推进性蠕动,导致泻下作用。因此,1、2 号小鼠肌张力明显减弱,处于安静状态,3、4 号小鼠则出现轻微腹泻的现象。

水合氯醛是一种镇静催眠药,高剂量则产生麻醉的效果。相同的药物剂量由于给药方式不同,导致药物的吸收、消除、代谢等不同,从而引起药物起效时间以及作用效果的差异。腹腔注射 7%水合氯醛相比口服水合氯醛将导致小鼠更加快速进入麻醉状态,而且麻醉更深。

九、实验结论

给药途径不同所产生药物作用的快慢和强弱不同,甚至是完全不同的药效。因此要详细了解其不同的给药途径及药物作用机制,从而选择正确的给药方式。

十、思考题

给药途径不同,一般情况下对药物的作用产生什么影响?在哪些情况下可使药物的作用产生质的差异?

1.3 传出神经系统药物对小鼠胃肠推进实验的影响

一、实验目的

1. 掌握胃肠道推进运动实验法，拟胆碱药新斯的明和抗胆碱药物阿托品的药物作用机理及其对小肠平滑肌的影响。掌握药理学常用统计软件 SPSS 的应用及数据处理方法。

2. 理解新斯的明和阿托品的不良反应及产生机制。

3. 了解 SPSS 软件其他功能及作图方法。

二、实验原理

新斯的明是可逆性胆碱酯酶抑制剂，可与胆碱酯酶结合，使胆碱酯酶失去活性，导致乙酰胆碱堆积。乙酰胆碱能激活胃肠道胆碱能受体，从而使胃肠道平滑肌兴奋，促进胃肠蠕动。阿托品是 M 胆碱受体阻断药，与 M 胆碱受体结合，间接阻断乙酰胆碱或者胆碱受体激动剂与受体的结合。阿托品内在活性小，对 M 受体不产生激动作用，从而拮抗乙酰胆碱或者受体激动剂的作用，即使胃肠道平滑肌松弛，减少胃肠蠕动。

三、实验重点和难点

1. 重点：动物的捉拿、固定，腹腔注射，颈椎脱臼处死，组织采集。

2. 阿托品和新斯的明的药理学机制。

3. 药理学实验的基本实验设计原则。

4. Excel 和 SPSS 软件使用的基本方法。

5. 数据的表示方法（Mean±SEM 或 Mean±SD），数据作图方法。

四、实验动物

雌性成年 KM 小鼠，20～22 g。

五、药品和器材

1. 器材：鼠笼、电子秤、手术剪、眼科镊、灌胃针头、1 mL 注射器、直尺、托盘、烧杯和锡箔纸。

2. 药物：0.05% 阿托品、0.001%新斯的明、生理盐水和 10%活性炭混悬液。

六、实验内容

1. 所有小鼠禁食不禁水喂养 24 h 后，取体重相近的小白鼠 18 只(按学生人数调整)，分为 3 组(每人一只小鼠)，分别为阿托品组(1～6 号)，新斯的明组(7～12 号)和生理盐水组(对照组，13～18 号)，用油性笔在尾部标号。

2. 每只小鼠分别在腹腔注射 0.05% 阿托品、0.001%新斯的明或生理盐水各 0.2 mL。10 分钟后，每只小鼠灌胃 10%活性炭混悬液 0.2 mL，将小鼠放回鼠笼。15 min 后，用颈椎脱臼法处死动物，打开腹腔，取出小肠用直尺测量小肠全长和炭末运行的距离。

① 计算小鼠炭末运行率。计算公式为：

炭末运行率＝幽门至远端炭末处的距离/小肠全长×100%

(小肠全长＝幽门至回盲部的长度)

② 收集全班所有炭末运行率的数据(保证每个组有 6 个数据)，采用 Excel 做表后，用 SPSS 软件分析数据的分布，采用单因素方差分析(One-Way ANOVA)法分析生理盐水组、阿托品组和新斯的明组之间炭末运行率的差异。$P<0.05$ 视为有统计学差异。

3. 采用 Excel 作图。

七、实验结果(每人一只小鼠，分成三组)

实验结果记录见表 1-4。

表 1-4　实验结果记录

组别	剂量	小肠全长(cm)	炭末运行距离(cm)	炭末运行率
0.05%阿托品	0.2 mL			
0.001%新斯的明	0.2 mL			
生理盐水	0.2 mL			

八、结果分析

新斯的明为拟胆碱药，导致乙酰胆碱堆积，从而使胃肠道平滑肌兴奋，促进胃肠蠕动。因此，注射新斯的明的小鼠炭末运行率相比生理盐水组升高。阿托品是M胆碱受体阻断药，并抑制胃肠道平滑肌蠕动。因此，注射阿托品的小鼠炭末运行率相比生理盐水组下降。

九、实验结论

新斯的明是可逆性胆碱酯酶抑制药，可使胃肠道平滑肌蠕动幅度和频率提升，因此，新斯的明组的炭末运行率与生理盐水组比较明显提高（$P<0.05$），可促进排气和排尿，适用于手术后腹气胀等，同时也可用于构建胃肠运动亢进模型进行药理学实验研究。阿托品为M受体阻断药，可导致胃肠平滑肌蠕动幅度和频率下降。因此，阿托品组的炭末运行率比生理盐水组和新斯的明组的相比显著降低（$P<0.05$），可用于减缓新斯的明所致小肠推进加快，以及解除胃肠道平滑肌痉挛和胃肠绞痛。

十、思考题

阿托品和新斯的明临床应用及其药理学基础是什么？有什么不良反应？

1.4　小鼠肝脏蛋白的提取和浓度测定

一、实验目的

1. 掌握考马斯亮蓝法（Bradford 法）测定蛋白质的原理以及考马斯亮蓝法测定蛋白质含量的操作步骤。掌握小鼠组织的采集方法。
2. 熟悉常规器械的正确使用方法。
3. 了解各个器官功能、其他组织（脑组织、脂肪组织）等蛋白质测定方法。

二、实验原理

考马斯亮蓝法于1976年由Bradford建立，是目前广泛应用的一种检测蛋白质浓度的方法。考马斯亮蓝G250在酸性的溶液中呈红褐色游离状态。

考马斯亮蓝 G250 能与蛋白质中的碱性氨基酸(尤其是精氨酸)和芳香族氨基酸疏水微区相结合，这种结合具有高度敏感性，当其与蛋白质结合形成复合物时呈蓝色，其最大吸收峰为 595 nm。在一定的蛋白质浓度范围内，595 nm 处的吸光度值与蛋白质浓度之间的关系符合 L-B 定律，因此可用比色法进行蛋白质含量的定量测定。Bradford 法灵敏度高，测定快速、方便，干扰物质少，因此广泛运用于药理学实验中实验动物组织样本和细胞样本的蛋白浓度测定。

三、教学重点和难点

1. 重点：动物的捉拿、固定，麻醉，组织采集，肝脏蛋白提取及浓度测定。
2. 难点：考马斯亮蓝法测定蛋白质的原理、操作步骤及数据分析。

四、实验动物

成年 KM 小白鼠，雌性。

五、药品和器材

1. 器材：高速冷冻离心机、UV-VS 分光光度计、旋涡振荡器、组织匀浆用药杵、雪花制冰机、定量移液器 (1 mL、0.2 mL、0.1 mL)及相应枪头、离心管(15 mL、5 mL、2 mL)、试管架、烧杯、油性笔、量筒(250 mL)、1000 mL 容量瓶、手术剪刀(直)、眼科镊、滤纸和天平等。

2. 药物：牛血清白蛋白、苯甲基磺酰氟 PMSF(ST506)、考马斯亮蓝 G250、生理盐水、乙醇、磷酸和 RIPA 裂解液。

六、实验方法

(1) 0.01%考马斯亮蓝染液配置：称取 0.1 g 考马斯亮蓝 G250，溶于 50 mL 90%乙醇，加入 85%的磷酸 100 mL，用蒸馏水定容至 1000 mL。

(2) 1 mg/mL BSA 标准品配置：称取 50 mg 牛血清白蛋白，溶于 10 mL 蒸馏水中，制成 1 mg/mL 的原液。

(3) 组织取材：小鼠颈椎脱臼安乐死，迅速采集动物肝脏，取约 50 mg 小鼠肝脏组织，用灭菌的剪刀将组织块尽量剪碎，放入 2.0 mL 灭菌的 EP 管中。

(4) 组织匀浆：加 1 mL RIPA 裂解液(含 1 mmol/L PMSF)，置于冰上，超声匀浆。注意，由于蛋白质容易降解，在蛋白裂解液中要加入蛋白酶抑制剂——苯甲基磺酰氟(PMSF)。PMSF 有腐蚀性和毒性,必须在教师指导下在通风橱小心使用。

(5) 冰上放置:裂解完全后,在冰上放置 30 min。

(6) 4 ℃离心:放入离心机中,4 ℃ 12000 r/min 离心 5 min 。

(7) 吸取上清:取上清分装于 2 mL 离心管中,在冰上保存,待用。

(8) 蛋白浓度测定。

取 7 支试管,编号 0～6,按下表加入试剂

表 1-5　试剂加入量　　单位:mL

试剂	空白管	标准品管					待测管
	0	1	2	3	4	5	6
1 mg/mL BSA	0	0.01	0.02	0.03	0.04	0.05	0
蒸馏水	1.0	0.99	0.98	0.97	0.96	0.95	0.99
待测样品	—	—	—	—	—	—	0.01
考马斯亮蓝	5	5	5	5	5	5	5

混匀后(混匀过程不要太剧烈,以免产生大量气泡),室温放置 2 min。在波长 595 nm 处以 0 号管作为调零管。调零后,分别按顺序测定 1～6 管的吸光度值(每管测 3 组,计算吸光度的平均值)。注意,不可使用石英比色皿(因为不易洗去染色),可采用塑料或玻璃比色皿,使用后立即用少量 95%乙醇荡洗,以除去染色。同时,最好在试剂加入后的 5～20 min 内测定吸光度,因为这段时间内颜色是最稳定的。以标准液的蛋白质浓度 1～5 管为横坐标,吸光度值为纵坐标,采用 Excel 绘制标准曲线,检测 R^2,判定标准曲线可信度(当根据试验数据进行曲线拟合时,试验数据与拟合函数之间的吻合程度,用一个与相关系数有关的一个量 R^2 来评价,R^2 值越接近 1,吻合程度越高,越接近 0,则吻合程度越低)。然后根据标准曲线计算 6 号管(待测管)的肝脏蛋白浓度。

七、结果分析

$$样品的蛋白质含量(\mu g/g,鲜重)=\frac{计算得出的蛋白质含量(\mu g)}{[肝脏样品鲜重(g)]}$$

经过计算得出肝脏蛋白含量。通过全班各个小组数据整合及组间比较,检查不同小组肝脏浓度测定的准确性。为进一步药理学实验(药物作用机制

研究)打下基础。

八、实验结论

由 Bradford 建立的考马斯亮蓝法(Bradford 法)是实验动物组织和细胞蛋白浓度测定方法中较为简单、快速和灵敏度较高的方法。

九、思考题

1. 什么因素会影响肝脏蛋白的提取?
2. 如何保证肝脏浓度测定过程中标准曲线的准确性?

2 药剂学实验

2.1 液体制剂的制备

液体制剂是指药物分散在液体分散介质中的液态制剂，可供内服或外用。液体制剂按其分散情况可分为均相液体制剂和非均相液体制剂。若制剂中的固体或液体药物均以分子、离子形式分散于液体分散介质中，则属于均相分散体系。其中分散相的分子量小的称为低分子溶液，为溶液(真溶液)型液体制剂；分散相的分子量大的称为高分子溶液。它们都是稳定体系。当制剂中固体或液体药物以分子聚集体的形式分散在液体分散介质中时，则属于非均相分散体系。由于其分散相与液体分散介质之间具有相界面，因此在一定程度上都是不稳定体系。按分散相粒子的大小，非均相分散体系又分为溶胶分散体系和粗分散体系。粗分散体系中包括乳浊液型液体制剂(乳剂)和混悬型液体制剂(混悬剂)。而溶胶分散体系和高分子溶液习惯上称为胶体制剂，尽管分属非均相与均相分散体系，但它们分散相的粒子大小属于同一范围(1～100 nm)，且在性质上有许多相同之处。

液体制剂是应用十分广泛的一大类制剂，按给药途径、应用方法的不同又可进一步分为若干剂型，如合剂、芳香水剂、糖浆剂、酊剂、洗剂、搽剂、灌肠剂、涂剂、含漱剂和滴耳剂等。

2.1.1 溶液型液体制剂的制备

一、实验目的

1. 掌握溶液型液体制剂的制备方法。
2. 掌握液体制剂制备过程中的各项基本操作。

二、实验原理

溶液型液体制剂是指药物以分子或离子状态溶解于适当溶剂中制成的澄

明的液体制剂。溶液型液体制剂可以口服,也可以外用。常用的溶剂有水、乙醇、甘油、丙二醇、液状石蜡、植物油等。

就分散系统而言,溶液型液体制剂主要为低分子溶液,其分散相(药物)小于1 nm,通常以分子或离子状态溶解在分散介质中。

溶液型液体制剂的制备方法有溶解法、稀释法和化学反应法,以溶解法应用最多。其操作步骤如下:

(1) 药物的称量和量取　固体药物常以克为单位,根据药物量的大小,选用不同的架盘天平称量。液体药物常以毫升为单位,选用不同的量杯或量筒来量取。用量少的液体药物,也可采用滴管量取(标准滴管在20 ℃时,1 mL蒸馏水应为20滴,其质量误差在±0.10 g之间),量取液体药物后,应用少量蒸馏水洗涤器具,洗液合并于容器中,以减少药物的损失。

(2) 溶解及加入药物　取处方溶液的1/2～3/4量,加入药物搅拌溶解,必要时加热。难溶性药物应先加入溶解,也可加入适量助溶剂或采用复合溶剂帮助溶解。易溶解药物、液体药物及挥发性药物最后加入。酊剂加入水溶液中时,速度要慢,且应边加边搅拌。

(3) 过滤　固体药物溶解后,一般都要过滤,可选用玻璃漏斗、布氏漏斗、垂熔玻璃漏斗等,滤材有脱脂棉、滤纸、纱布、绢布等。

(4) 质量检查　成品应进行质量检查。

(5) 包装及贴标签　质量合格后,定量分装于适当容器内,内服液体药剂用蓝色标签,外用则为红色标签。

三、仪器与材料

仪器:烧杯、试剂瓶、玻璃漏斗、量筒、磨塞小口玻璃瓶、普通天平、水浴仪等。

材料:碘、碘化钾、硼砂、甘油、碳酸氢钠、液化苯酚、硫酸亚铁、枸橼酸、薄荷醑、单糖浆、乙醇、蒸馏水等。

四、实验内容

1. 复方碘溶液的制备

(1) 处方

碘	2.5 g
碘化钾	5 g

蒸馏水　　　　　　　　加至 50 mL

(2) 制法

取碘化钾置容器内，加蒸馏水 5 mL，搅拌使其溶解，再加入碘搅拌至溶解，加蒸馏水至全量，混匀，即得。

(3) 用途

本品可调节甲状腺机能，用于缺碘引起的疾病，如甲状腺肿、甲亢等辅助治疗。

(4) 注意事项

① 碘具有腐蚀性，称量时可用玻璃器皿或蜡纸，不宜用纸，并不得接触皮肤与黏膜。

② 处方中碘化钾起助溶剂和稳定剂作用，因碘有挥发性又难溶于水(1∶2950)，碘化钾(或碘化钠)可与碘生成易溶性配合物而溶解，同时此配合物可减小刺激性。结合形式如下：

$$I_2 + KI \longrightarrow KI_3$$

③ 在制备时，为使碘能迅速溶解，宜先将碘化钾加适量蒸馏水(1∶1)配成近饱和溶液，然后加入碘溶解。

④ 碘溶液具氧化性，应储存于密闭玻璃塞瓶内，不得直接与木塞、橡胶塞及金属塞接触。为避免被腐蚀，可加一层玻璃纸衬垫。

2. 复方硼砂溶液(朵贝尔溶液)的制备

(1) 处方

硼砂	2 g
甘油	3.5 mL
碳酸氢钠	1.5 g
液化苯酚	0.3 mL
蒸馏水	加至 100 mL

(2) 制法

取硼砂加入约 50 mL 热蒸馏水中，溶解，放冷，加入碳酸氢钠溶解。另取液化苯酚加甘油搅拌均匀，缓缓加入上述溶液中，随加随搅拌，待气泡消失后，加蒸馏水至 100 mL，必要时过滤，即得。

(3) 用途

本品为含漱剂，用于口腔炎、咽喉炎及扁桃体炎。

(4) 注意事项

① 本品化学反应式为：

$$Na_2B_4O_7 \cdot 10H_2O + 4C_3H_5(OH)_3 \longrightarrow 2C_3H_5(OH)HBO_3 + 2C_3H_5(OH)NaBO_3 + 13H_2O$$

$$C_3H_5(OH)HBO_3 + NaHCO_3 \longrightarrow C_3H_5(OH)NaBO_3 + CO_2\uparrow + H_2O$$

反应生成的甘油硼酸钠呈碱性，有除去酸性分泌物的作用。

② 硼砂在水中溶解度为 1∶20，沸水中为 1∶1，故宜用热水溶解。冷至 50 ℃左右再加碳酸氢钠，可防止后者在热水中分解。

③ 制剂中苯酚有轻度局部麻醉作用和抑菌作用。

④ 本品应加着色剂（如曙红钠），以示外用。

3. 硫酸亚铁糖浆的制备

(1) 处方

硫酸亚铁	1.5 g
枸橼酸	0.1 g
蒸馏水	5 mL
薄荷酊	0.1 mL
单糖浆	加至 50 mL

(2) 制法

取枸橼酸溶于全量蒸馏水中，加入预先研细的硫酸亚铁，搅拌溶解、过滤，滤液与适量单糖浆混匀，滴加薄荷酊，边加边搅拌，再加单糖浆至 50 mL，搅匀即得。

(3) 用途

本品为抗贫血药，用于缺铁性贫血。

(4) 注意事项

① 硫酸亚铁置空气中吸潮后易氧化生成黄棕色碱式硫酸铁，不能供药用，其反应式如下：

$$4FeSO_4 + 2H_2O + O_2 \longrightarrow 4Fe(OH)SO_4$$

其水溶液长期放置同样发生此变化，本品中所加枸橼酸，主要使部分蔗糖转化成具有还原性的果糖和葡萄糖，以防止硫酸亚铁的氧化变色。

② 单糖浆可使用成品，也可按下面方法制备

取蒸馏水 45 mL，煮沸，加入蔗糖 85 g，搅拌溶解后，继续加热至 100 ℃，趁热用精制棉过滤，自滤器添加适量热蒸馏水至 100 mL，搅匀，备用。

4. 质量检查

(1) 外观

溶液型液体制剂的外观应均匀、透明，无可见微粒、纤维等异物。复方碘溶液应为深棕色的澄明液体，有碘臭味。复方硼砂溶液应为粉红色澄明液体，具

苯酚特臭味。硫酸亚铁糖浆应为淡黄绿色澄清的黏稠液体，具薄荷香气，味甜。

(2) 鉴别与含量测定

按《中华人民共和国药典》(以下简称《中国药典》)或有关制剂手册的方法进行相关鉴别和含量的测定。

五、实验结果

将溶液型液体制剂的质量检查结果记录于表 2-1 中。

表 2-1 溶液型液体制剂质量检查结果

制剂	外观	鉴别	含量测定
复方碘溶液			
复方硼砂溶液			
硫酸亚铁糖浆			

六、思考题

1. 碘化钾在复方碘溶液处方中有何作用？
2. 在制备复方硼砂溶液时，为何将硼砂加入热的蒸馏水中？而又在放冷后加入碳酸氢钠？
3. 试提出硫酸亚铁糖浆制备的新工艺。

2.1.2 胶体分散系制剂的制备

一、实验目的

1. 掌握胶体药物的溶解特性和制备胶体的方法。
2. 熟悉胶体分散系制剂的质量评定方法。

二、实验原理

胶体分散系制剂是指某些固体药物以 1～100 nm 大小的质点，分散于适当的分散介质中制得的均相或非均相体系制剂，它们具有胶体特有的性质。胶体分散系制剂所用的分散介质多数为水，少数为非水溶剂。

亲水胶体系指一些分子量大的(高分子)药物以分子状态分散于溶剂中形

成的均相溶液。这类胶体有蛋白质溶液、酶类溶液、纤维素溶液、淀粉浆、胶浆、右旋糖酐溶液、聚氧乙烯吡咯烷酮溶液等，它们属于热力学稳定体系。高分子溶液主要通过水化作用，在亲水胶体质点周围形成水化膜，水化膜能阻碍亲水胶体质点的凝结，从而使体系保持稳定。但其稳定性易受脱水剂（如乙醇、丙醇等）和大量电解质（盐析）等的影响。亲水胶体的制备方法是将高分子物质加到溶剂中，胶溶即得。药物溶解时，宜分次撒布在水面上，让其自然膨胀溶解。处方中需要加入电解质或高浓度醇、糖浆、甘油等具有脱水作用的液体时，应先将溶剂稀释后再加入，且用量不宜过大。

疏水胶体（又称溶胶）是由多分子聚集体作为分散相的质点，分散在液体分散介质中所组成的胶体分散系。其质点大小为 1～100 nm，属非均相分散体系，易聚集，因而是一种高度分散的热力学不稳定体系。溶胶的稳定性易受电解质、胶体的相互作用（带相反电荷的溶胶）、温度等因素的影响。稳定溶胶剂的措施是向溶胶中加入少量含有与胶核结构相似离子的电解质，使胶粒形成双电层和水化膜，或向胶体中加入一定量保护胶体（高分子溶液），从而提高溶胶的稳定性。溶胶剂的制备常用分散法（研磨、胶溶法等）和凝聚法。

三、仪器与材料

仪器：烧杯、量筒、普通天平、水浴仪、玻璃漏斗等。

材料：胃蛋白酶（1∶3000）、羧甲基纤维素钠、稀盐酸、甘油、单糖浆、橙皮酊、羟苯乙酯醇溶液（50 g/L）、蒸馏水等。

四、实验内容

1. 胃蛋白酶合剂的制备

(1) 处方

胃蛋白酶（1∶3000）	1.5 g
稀盐酸	1.0 mL
单糖浆	5.0 mL
橙皮酊	1.0 mL
羟苯乙酯醇溶液（50 g/L）	0.5 mL
蒸馏水	加至 50 mL

(2) 制法

取约 40 mL 蒸馏水加稀盐酸、单糖浆搅匀，缓缓加入橙皮酊、羟苯乙酯醇溶液，边加边搅拌，然后将胃蛋白酶撒布在液面上，待其自然膨胀溶解后，再加蒸馏水至 50 mL，轻轻混匀、分装，即得。

(3) 用途

本品为助消化药，用于缺乏胃蛋白酶或病后消化机能减退引起的消化不良症。

(4) 注意事项

(1) 本品中的胃蛋白酶消化力为 1∶3000，pH 值在 1.5～2.5 时活性最大，故处方中加稀盐酸调节 pH 值。但胃蛋白酶不得与稀盐酸直接混合，需加蒸馏水稀释后配制，因为胃蛋白酶活性在含盐酸量超过 5 g/L 时会被破坏。

(2) 本品不宜用热水配制(或加热)，不宜剧烈搅拌，以免影响活性，宜即配即用。

(3) 本品亦可加适量甘油(10%～20%，体积分数)代替单糖浆，以增加胃蛋白酶的稳定性，如加酊剂矫味，合剂的含醇量不应超过 10%(体积分数)。

(4) 本品不宜过滤，如必须过滤，滤材需先用相同浓度的稀盐酸润湿，以饱和滤材表面电荷，消除对胃蛋白酶活力的影响，然后过滤。

2. 羧甲基纤维素钠胶浆

(1) 处方

羧甲基纤维素钠	1.0 g
甘油	12 mL
羟苯乙酯醇溶液(50 g/L)	0.5 mL
蒸馏水	加至 40 mL

(2) 制法

方法 1：取羧甲基纤维素钠撒布于盛有适量蒸馏水的烧杯中，先让其自然溶胀，然后稍加热使其完全溶解，将羟苯乙酯醇溶液、甘油加入烧杯中，最后补加蒸馏水至全量，搅拌均匀即得。

方法 2：羧甲基纤维素钠置于研钵中，加入甘油研匀，边研边加入蒸馏水，搅拌均匀即得。

(3) 用途

本品为润滑剂，用于腔道、器械检查或查肛时起润滑作用。

(4) 注意事项

① 配制羧甲基纤维素钠胶浆时，应使羧甲基纤维素钠在适量冷水中充分溶胀，然后再稍加热促溶。

② 羧甲基纤维素钠遇阳离子型药物及碱土金属、重金属盐会发生沉淀，

故不宜用季铵盐类和汞类防腐剂。

③ 甘油(或丙二醇)可以起保湿、增稠和润滑作用。本品 pH 值在 5～7 时黏度最高。

3. 质量检查

(1) 外观

胃蛋白酶合剂为微黄色胶体,羧甲基纤维素钠胶浆为无色黏稠性液体。

(2) pH 值测定

用精密 pH 试纸测定各溶液的 pH 值,将结果填入表 2-2 中。

(3) 胃蛋白酶活力测定

① 醋酸钠缓冲液的制备

取冰醋酸 92 g 和氢氧化钠 43 g,分别溶于适量蒸馏水中,然后将两种溶液混合,并加蒸馏水稀释成 1000 mL,此溶液的 pH 值为 5。

② 牛乳醋酸钠混合液的制备

取等体积的醋酸钠缓冲液和鲜牛奶混合均匀即得。此混合液在室温密闭储存,可保存 2 周。

(3) 计算

胃蛋白酶活力愈强,凝固牛乳愈快,即凝固牛乳所需时间愈短,规定能使牛乳液在 60 s 末凝固的胃蛋白酶活力强度为 1 活力单位,因此如在 20 s 末凝固则为 60/20,即 3 个单位。结果记于表 2-2 中。

蛋白酶活力测定也可参照《中国药典》(二部)胃蛋白酶品种项下规定的方法。

五、实验结果

将胶体分散系制剂质量检查结果记录于表 2-2。

表 2-2　胶体分散系制剂质量检查结果

制剂	外观	pH 值	蛋白酶活力
胃蛋白酶合剂			
羧甲基纤维素钠胶浆			

六、思考题

1. 简述亲水胶体制备过程以及影响胃蛋白酶活力的因素有哪些?

2. 制备羧甲基纤维素钠胶浆时应注意哪些问题?

2.2 复合型乳剂的制备

一、实验目的

1. 初步掌握二步乳化法制备复合型乳剂的工艺。
2. 了解药物包裹率的测定方法。
3. 熟悉复合型乳剂稳定性考察方法。

二、实验原理

复合型乳剂简称复乳，是将水包油(O/W)或油包水(W/O)型初乳经过二次乳化进一步分散在油相或水相中形成的一种非均相液体制剂，包括 O/W/O 型和 W/O/W 型。目前，后者研究、应用较多。

复乳常采用二步乳化法制备，如图 2-1 所示。首先将水相、油相和乳化剂制成初乳，亦称一级乳，然后将此初乳作为分散相与水相(或油相)以及乳化剂Ⅱ进一步制成复乳。

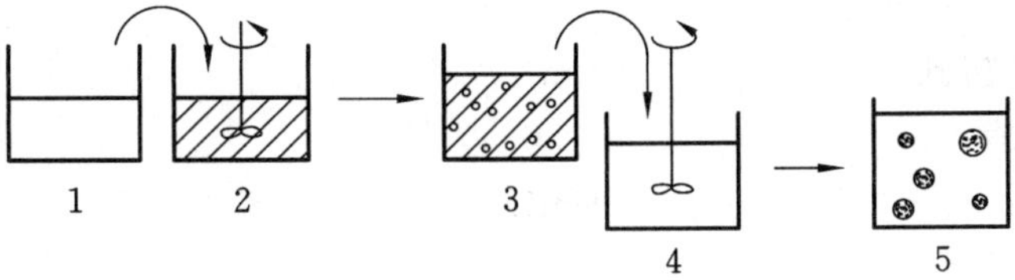

图 2-1 W/O/W 型复乳制备示意图

1—水相；2—油相；3—W/O 乳剂；4—水相；5—W/O/W 型乳剂

复乳类型不同，选用的乳化剂也不同。对于 O/W/O 型复乳，其初乳的分散相为油，连续相为水，可选用亲水性乳化剂形成 O/W 型一级乳。第二步乳化时，分散相为 O/W 型一级乳，连续相为油，则应选用亲油性乳化剂。若需制成 W/O/W 型复乳，则应先选用亲油性乳化剂形成 W/O 型一级乳并作为第二步乳化的分散相，再选用亲水性乳化剂制成复乳。本实验以氯化钠为模型药物，因为氯化钠为强电解质，当溶于内水相中时，溶液可以导电。而制成 W/O 型初乳后，因外相是油，故导电性很弱。制成 W/O/W 型复乳后直接测定复乳的电导率，即显示复乳外水相的电导率，它与内水相电导率之差即为被包裹药物产生的电导率,进而计算出药物包裹率。

复乳属于多相分散体系,其稳定性受温度、pH 值、黏度、液滴大小等因素影响,因此,复乳的稳定性考察是衡量制剂质量的重要指标之一。常用的方法有加速离心法、不同温度考察法、镜检法等。

三、仪器与材料

仪器:具塞量筒、电导率仪、光学显微镜、普通天平等。

材料:氯化钠、液状石蜡、司盘 80、聚山梨酯 80、明胶、蒸馏水等。

四、实验内容

1. 氯化钠复乳的制备

(1) 处方

① W/O 型初乳:

液状石蜡	4 mL
司盘 80	1 g
5 g/L 明胶溶液	0.25 mL
1 g/L 氯化钠溶液	4.75 mL

② W/O/W 复乳:

W/O 型初乳	10 mL
聚山梨酯 80	1 g
蒸馏水	9 mL

(2) 制法

取 25 mL 干燥具塞量筒,加入液状石蜡 4 mL 和 1 g 司盘 80,摇匀。然后加入 5 g/L 明胶溶液 0.25 mL 和 1 g/L 氯化钠溶液 4.75 mL,盖上玻璃塞,用手振摇数分钟至形成稠厚的 W/O 型初乳。再将 1 g 聚山梨酯 80 溶解于蒸馏水 9 mL 中,缓缓加入上述初乳中,稍加振摇即得 W/O/W 型复乳。

另外,将上述处方中的 1 g/L 氯化钠溶液用同体积的蒸馏水代替,其余成分和操作均不变,制得空白复乳作为空白对照。

(3) 注意事项

① 第一步乳化时,具塞量筒内的内容物在用手振摇初期有明显的晃动感和声音,继续振摇数分钟,这种晃动感和声音会突然消失,此时便形成了稠厚的不易振摇的 W/O 型初乳。

② 制备过程中应注意溶液加入的速度及振摇强度。第一步乳化时，溶液加入的速度宜慢，振摇强度和速度应稍快于第二步乳化，以形成液滴小而均匀的初乳。第二步乳化时，振摇不应太剧烈，以免使乳滴破裂而不利于形成复乳。

③ 实验室小量制备时，常采用手工制备，但分散相的乳滴较大。如有条件，可采用搅拌机、胶体磨、乳匀机和超声波乳化器等，制成的复乳乳滴细小而均匀。

2. 药物包裹率的测定

将上述 1 g/L 氯化钠溶液、氯化钠复乳和空白对照复乳分别用电导率仪的铂黑电极测定电导率，按下式计算药物包裹率：

$$\text{药物包裹率}=\frac{S_1-\dfrac{20(S_2-S_3)}{4.75}}{S_1}\times 100\%$$

式中　S_1——1 g/L 氯化钠溶液的电导率，μS/cm；

S_2——氯化钠复乳的电导率，μS/cm；

S_3——空白对照复乳的电导率，μS/cm。

3. 复乳的稳定性考察

(1) 加速离心

将复乳置于 10 mL 离心管中，以 4000 r/min 的速度离心 15 min，观察复乳分层情况。

(2) 不同温度考察

将复乳置于 10 mL 具塞试管中，首先在 45～50 ℃恒温水浴 2 h，然后于 4 ℃冰箱冷藏 12 h，最后于室温条件下放置 24 h，观察复乳分层情况。

(3) 显微镜检查

将少许复乳涂在载玻片上，用显微镜观察乳滴粒子大小，并用亚甲蓝染色鉴别。

4. 电导率仪的调试与使用

DDS-11A 型电导率仪是实验室测定电导率的常用仪器，其工作原理是利用溶液中带电离子在电场影响下产生移动而传递电子，通过插入两个电极测出其间的电阻，其倒数即为电导率。对于一定的电极，电极面积与间距都是固定不变的，故测量出来的是单位面积和单位长度内溶液的电导率。

本仪器的面板如图 2-2 所示，可按如下方法操作。

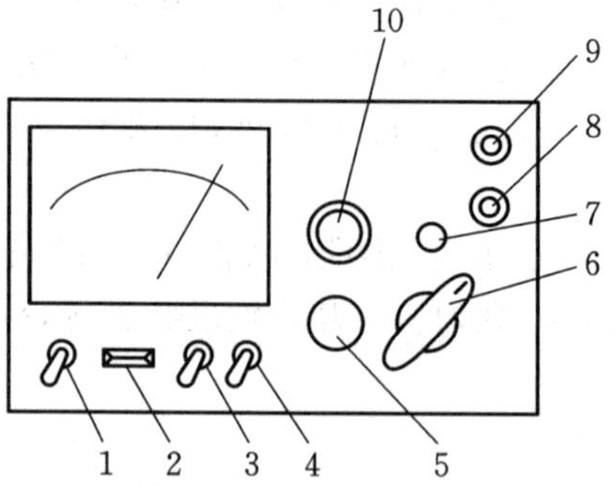

图 2-2 DDS-11A 型电导率仪面板示意图

1—电源开关；2—氖泡；3—高周、低周开关；4—校正、测量开关；5—校正调节器；6—量程选择开关；7—电容补偿调节器；8—电极插口；9—10 mV 输出；10—电极常数调节器

（1）未开电源开关前，观察表针是否指零，如不指零，调节表头螺丝使表针指零。

（2）将“校正”“测量”开关置于“校正”位置。

（3）开启电源，预热数分钟至指针稳定，调节校正调节器，使表针满度指示。

（4）测量电导率低于 300 μS/cm 的液体时，将“高周”“低周”开关扳向“低周”，否则扳向“高周”。

（5）将量程选择开关扳到所需要的测量范围，在溶液电导率未知时，应先使用最大电导率测量挡，然后逐渐下降，以防表针被打弯。

（6）本实验选用 DJS-1 型铂黑电极，用电极夹固定电极，并调节电极常数调节器到与所用电极的常数相对应的位置上。

（7）将电极插头插入电极插口内，旋紧紧固螺丝，再将电极浸入待测溶液中。

（8）将“校正”“测量”开关扳至“校正”位置，调节校正调节器使指针满度，然后将“校正”“测量”开关扳向“测量”位置，此时指示数乘以量程开关的倍率即为被测溶液的实际电导率。

五、实验结果

将实验结果填入表 2-3 中。

表 2-3 氯化钠复乳实验结果

项目	结果
药物包裹率(%)	
加速离心	
不同温度考察	
显微镜检查	

六、思考题

1. 影响复乳稳定性的因素有哪些？可采用何种措施来提高复乳的稳定性？

2. 如何选择复乳乳化剂？

2.3 片剂的制备

一、实验目的

1. 初步掌握湿法制粒压片的过程和技术。
2. 初步学会单冲压片机的调试方法，能正确使用压片机。
3. 会分析片剂处方的组成和各种辅料在压片过程中的作用。
4. 掌握片剂质量差异、崩解时限、硬度等的检查方法。

二、基本概念与实验原理

片剂是指药物与辅料均匀混合后压制而成的片状制剂。片剂具有剂量准确、稳定性好、携带方便、制备机械化程度高等优点，因此应用较为广泛。片剂按给药途径分为口服用片、非口服用片、口腔用片、外用片剂等。片剂的制法分为直接压片法和制粒压片法，后者又分为干法制粒压片法和湿法制粒压片法。除对湿热不稳定的药物之外，多采用湿法制粒压片。其制备要点如下：

(1) 原料药和辅料要混合均匀。

(2) 凡具有挥发性或遇热易分解的药物，在制片过程中应避免受热损失。

(3) 凡具有臭味、刺激性，易潮解或遇光易变质的药物，制成片剂后可包糖衣或薄膜衣。对胃液易破坏的药物制成片剂后可包肠溶衣。

其湿法制备工艺流程见图 2-3。

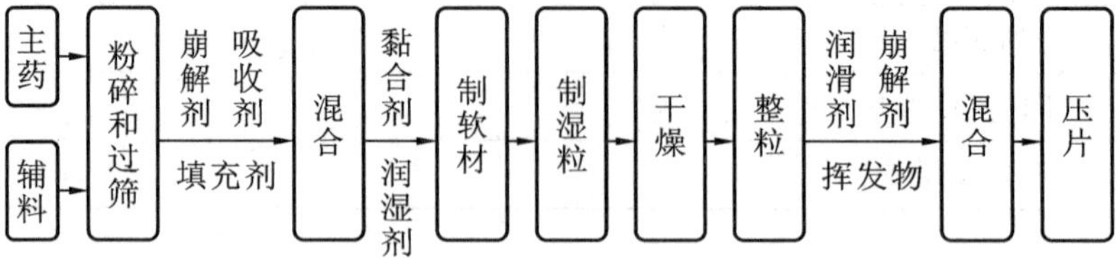

图 2-3　湿法制备片剂工艺流程

片重计算主要有以下两种方法：

a. 压片前必须对干颗粒及粉末的混合物进行含量测定，然后根据颗粒所含主药的量计算片重。

$$每片颗粒重=\frac{每片应含主药含量}{干颗粒中主药的质量分数}$$

$$片重=每片颗粒重+临压前每片加入辅料重$$

b. 按颗粒质量计算，照此公式计算片重，投料时应计入原料的损耗。

$$片重=\frac{干颗粒重+压片前加入的辅料量}{应压片数}$$

三、材料与仪器

材料：阿司匹林（乙酰水杨酸）、淀粉、柠檬酸、滑石粉。

仪器与设备：乳钵（中号）、电炉、水浴、尼龙筛（80 目、16 目、14 目）、方盘、烧杯（250 mL）、干燥箱、水分测定仪、压片机、冲头、崩解仪、片剂四用仪、分析天平等。

四、实验内容

1. 阿司匹林片剂的制备

(1) 处方（40 片用量）

乙酰水杨酸	20 g
淀粉	2 g
柠檬酸	0.2 g
10%淀粉浆	适量
滑石粉	1 g 左右

(2) 制备(湿法制粒压片法)

① 乙酰水杨酸细粉的制备:将适量乙酰水杨酸置研钵中用力研磨成细粉(80目)。

② 10%淀粉浆的制备:称取柠檬酸 0.2 g 溶于约 20 mL 蒸馏水中,再加入淀粉约 2 g 混匀,加热糊化,即得。

③ 制颗粒:取乙酰水杨酸细粉与 2 g 淀粉混匀,加适量 10%淀粉浆制成软材,过 16 目筛制粒,颗粒于 55～60 ℃烘箱内干燥约 1 h 后,再经 14 目筛整粒,称干颗粒总量,加入颗粒量 3%的滑石粉,混匀。

④ 压片:用小型全自动压片机或单冲压片机压片。

(3) 注意事项

① 处方中加入柠檬酸作为稳定剂,在制淀粉浆时加入以保证在制粒时与药物混合均匀。

② 金属能加速阿司匹林的降解,故在制备时应用滑石粉作助流剂和润滑剂,使用非金属器械,如用尼龙筛网过筛。

③ 加淀粉浆,以温浆为宜,温度太高不利于药物的稳定,温度太低不宜分散均匀。

④ 制粒后应迅速干燥,干燥温度不宜过高,以避免药物水解。

2. 质量检验

(1) 外观检查

随机抽取 10 片,平铺在白色瓷板上,置于 75 W 白炽灯下 60 cm 处,在距离片剂中心位置 30 cm 处,用肉眼观察 30 s,应色泽一致,80～100 目大小的杂色点不得超过 5%,麻面小于 5%,并不得有严重花斑和异物。

(2) 质量差异

取供试品 20 片,精密称定总质量,求得平均片重后,再分别精密称定每片的质量,每片片重与标示片重或平均片重相比较,超出质量差异限度的不得多于 2 片,并不得有 1 片超出限度的 1 倍。

(3) 硬度测定

接通片剂四用仪电源,打开开关,将药片径向固定在两模杆之间,进行硬度测定,待片剂断裂时自动停止。测定 3～6 片,取平均值。

(4) 脆碎度测定

片重为 0.65 g 或以下者取若干片,使其总重约为 6.5 g;片重大于 0.65 g

者取 10 片。用吹风机吹去片剂脱落的粉末，精密称重，置圆筒中，转动 100 次。取出，同法除去粉末，精密称重，减失质量不得超过 1%，且不得检出断裂、龟裂及粉碎的片。本试验一般仅做 1 次。如减失质量超过 1%，应复测 2 次，3 次的平均减失质量不得超过 1%，并不得检出断裂、龟裂及粉碎的片。

（5）崩解时限

将吊篮通过上端的不锈钢轴悬挂于金属支架上，浸入 1000 mL 烧杯中，并调节吊篮位置使其下降时筛网距烧杯底部 25 mm，烧杯内盛有温度为(37±1) ℃的水，调节水位高度使吊篮上升时筛网在水面下 15 mm 处，吊篮顶部不可浸没于溶液中。取药 6 片，分别置于上述吊篮的玻璃管中，启动崩解仪进行检查，各片均应在 15 min 内全部崩解。如有 1 片崩解不完全，应另取 6 片，按上述方法复试，均应符合规定。

五、实验结果与讨论

1. 将质量检验结果填入表 2-4 中，试计算片重的相对标准偏差 RSD。

2. 分析并讨论实验结果，总结出影响片剂质量的因素。

表 2-4 阿司匹林片剂质量差异的测定结果

<table>
<tr><th>编号</th><th>片重/g</th><th>编号</th><th>片重/g</th><td rowspan="7">20 片总重：
平均片重 $\overline{x}$=______
质量限度范围=$\overline{x}$(1±7.5%)=______
超限的有______片（在表中用符号标记）
超限 1 倍的有______片</td></tr>
<tr><td>1</td><td></td><td>11</td><td></td></tr>
<tr><td>2</td><td></td><td>12</td><td></td></tr>
<tr><td>3</td><td></td><td>13</td><td></td></tr>
<tr><td>4</td><td></td><td>14</td><td></td></tr>
<tr><td>5</td><td></td><td>15</td><td></td></tr>
<tr><td>6</td><td></td><td>16</td><td></td></tr>
<tr><td>7</td><td></td><td>17</td><td></td><td>结论：(不)符合规定</td></tr>
<tr><td>8</td><td></td><td>18</td><td></td><td rowspan="3">原因分析：</td></tr>
<tr><td>9</td><td></td><td>19</td><td></td></tr>
<tr><td>10</td><td></td><td>20</td><td></td></tr>
</table>

注：限度标准按“0.3 g 以下者±7.5%；0.3 g 或 0.3 g 以上者为±5%”评定。

表 2-5　崩解时限测定结果

片号	1	2	3	4	5	6
崩解时限(min)						
标准规定	6 片均应在 15 min 内全部崩解					
结论	(不)符合规定					

六、思考题

1. 制备阿司匹林片时,如何避免乙酰水杨酸的分解？从处方和工艺的角度加以说明。

2. 片剂崩解时限不合格的主要原因和解决办法是什么？

3. 产生片剂质量差异的主要原因是什么？

4. 片剂强度不合格的主要原因和解决办法是什么？

2.3.1　单冲压片机的装卸和使用

一、实验目的

1. 了解压片机的基本结构。

2. 初步学会压片机的装卸和使用。

二、实验内容

1. 单冲压片机主要部件

(1) 冲模,包括上下冲头及模圈。上下冲头一般为圆形,有凹冲与平面冲,还有三角形、椭圆形等异型冲头。

(2) 加料斗,用于储存颗粒,以不断补充颗粒,便于连续压片。

(3) 饲料靴,用于将颗料填满模孔,将下冲头顶出的片剂拨入收集器中。

(4) 出片调节器(上调节器),用于调节下冲头上升的高度。

(5) 片重调节器(下调节器),用于调节下冲头下降的深度,调节片重。

(6) 压力调节器,可使上冲头上下移动,用以调节压力的大小,调节片剂的硬度。

(7) 冲模台板,用于固定模圈。

2. 单冲压片机的装卸

(1) 首先装好下冲头，旋紧固定螺丝，旋转片重调节器，使下冲头在较低的部位。

(2) 将模圈装入冲模平台，旋紧固定螺丝，然后小心地将模板装在机座上，注意不要损坏下冲头。调节出片调节器，使下冲头上升到恰与模圈齐平。

(3) 装上冲头并旋紧固定螺丝，转动压力调节器，使上冲头处在压力较小的部位，用手缓慢地转动压片机的转轮，使上冲头逐渐下降，观察其是否在冲模的中心位置。如果不在中心位置，应使上冲头上升，稍微转动平台固定螺丝，移动平台位置直至上冲头恰好在冲模的中心位置，旋紧平台固定螺丝。

(4) 装好饲料靴、加料斗，用手转动压片机转轮。如上下冲头移动自如，则安装正确。

(5) 压片机的拆卸与安装顺序相反，拆卸顺序如下：

加料斗→饲料靴→上冲头→冲模平台→下冲头

3. 单冲压片机的使用

(1) 单冲压片机安装完毕，加入颗粒，用手摇动转轮，试压数片，称其片重，调节片重，调节片重调节器，使压出的片重与设计片重相等，同时调节压力调节器，使压出的片剂有一定的硬度。调节完毕后再开动电动机进行试压，检查片重、硬度、崩解时限等，达到要求后方可正式压片。

(2) 压片过程中应经常检查片重、硬度等，发现异常，应立即停机进行调整。

4. 注意事项

(1) 装好各部件后，在摇动飞轮时，上下冲头应无阻碍地进出冲模，且无特殊噪声。

(2) 调节出片调节器时，使下冲头上升到最高位置与冲模平齐，用手指抚摸时应略有凹陷的感觉。

(3) 在装平台时，固定螺丝不要旋紧，待上下冲头装好(在同一垂直线上)，而且在模孔中能自由升降时，再旋紧平台固定螺丝。

(4) 装上冲头时，在冲模上要放一块硬纸板，以防止上冲头突然落下时碰坏上冲头和冲模。

(5) 装上下冲头时，一定要把上下冲头插到冲芯底，并用螺丝和锥形母螺丝旋紧，以免开动机器时上下冲头杆不能上升、下降，而造成叠片、松片并碰坏冲头等现象。

三、思考题

1. 单冲压片机的主要部件有哪些？

2. 在压片时如果出现片重差异超限或松片现象，应如何调节机器？

2.3.2 SY-3D 型片剂四用测定仪操作规程

插上电源，打开主机背后开关，预热 10 min。

1. 硬度测定

① 待机状态下按“确认”键，选择“开始测量”，接着按“确认”键，选择“单次运行”，放入待测药片，继续按“确认”键。

② 记录数据，清理破碎药片。接着放入待测药片，按“确认”键开始继续测量，记录数据。

③ 依次测完待测药片，清理干净，按“退出”键，选择“2”，继续退出即可。

2. 脆碎度测定

打开脆碎轮鼓盖，放入待测药片并盖好，停机状态下按加减键设置好轮鼓要旋转的次数，再按启动键，开始测定，转至设定次数后，自动停止并报警。

3. 崩解时限测定

① 温度预置：在水箱中加入适量的低于 37 ℃的温水，将温度传感器插入水箱，通过温度预置键将预置温度调到 37 ℃，再按启动键，等待水温调节至 37 ℃。

② 将吊篮通过上端的不锈钢轴悬挂于金属支架上，浸入 1000 mL 烧杯中，并调节吊篮位置使其下降时筛网距烧杯底部 25 mm，烧杯内盛有温度为 (37±1) ℃的水，调节水位高度使吊篮上升时筛网在水面下 15 mm 处，吊篮顶部不可浸没于溶液中。

③ 将待测药片置于吊篮的玻璃管中，按启动键开始测定，到达测定时间后报警并停止测定。

如需再次测定，需按 6 次设定键，待听到“滴滴滴滴”叫声，屏幕显示 00.00，按启动键即可开始再次测定。

④ 测定结束后关闭电源。

2.4 微囊的制备

微囊剂系利用高分子材料(囊材),将固体或液体药物(囊心物)包裹成直径 5～200 μm 的微小胶囊。根据临床需要可将微囊制成散剂、胶囊剂、片剂、注射剂以及软膏剂等。

微囊的制法较多,有界面聚合法、相分离法、单凝聚法和复凝聚法等,以复凝聚法较常用。其原理是利用一些亲水胶体带有电荷的性质,当两种或两种以上带相反电荷的胶体溶液混合时,因电荷中和而产生凝聚。例如,阿拉伯胶带负电荷,而 A 型明胶在等电点以上时也带负电荷,故两者并不发生凝聚现象。若用醋酸调节至 A 型明胶等电点(pH 值 7～9)以下(pH 值 3.8～4.0),则明胶电荷全部转为正电荷,与带负电荷的阿拉伯胶相互凝聚。当溶液中存在药物时,则包在药物粒子周围形成微囊,此时囊膜较松软,当降低温度至胶凝点以下时,则逐渐胶凝、硬化,再加入甲醛使囊膜变性固化而得微囊成品。

一、实验目的

1. 了解制备微囊的常用方法。
2. 了解影响微囊成型的因素。
3. 掌握复凝聚法制备微囊的基本原理和方法。

二、实验内容

1. 主要仪器及试剂

仪器:电磁搅拌器、水浴仪、烧杯(500 mL、250 mL 及 50 mL)、乳钵、显微镜、普通天平等。

材料:A 型明胶、鱼肝油、甘油、阿拉伯胶、磺胺二甲嘧啶、甲醛溶液(37%)、10%醋酸溶液。

2. 实验过程

(1) 鱼肝油微囊(液体药物的包裹)

① 处方

鱼肝油	3.0 g
A 型明胶	5.0 g

甘油	1.3 g
阿拉伯胶	5.0 g
醋酸溶液(10%)	适量
甲醛溶液(37%)	4.0 mL

② 制备

A. 制备明胶液　取A型明胶5 g,加入甘油1.3 g和蒸馏水100 mL,置60 ℃水浴温热溶解,备用,并测定其pH值。

B. 鱼肝油乳剂的制备　取阿拉伯胶3.5 g,加蒸馏水60 mL,置60 ℃水浴温热溶解,趁热用棉花过滤,备用。

另取阿拉伯胶1.6 g置乳钵中研细,加鱼肝油3 g、蒸馏水2.4 mL,急速研磨成初乳,再分次加入上述阿拉伯胶液,边加边研,使其成均匀的乳剂,并在搅拌下加入300 mL约50 ℃的蒸馏水,使之均匀。然后在显微镜下检查并绘图,同时测定乳剂的pH值。

C. 混合　在上述鱼肝油乳中,边搅拌边加入60 mL明胶液,取此混合液在显微镜下观察并绘图,且测定混合液的pH值,混合液保持在50 ℃左右。

D. 调pH值成囊　在搅拌下滴加1.67 mol/L醋酸溶液,调节混合液至pH值4.0左右,在显微镜下观察是否形成微囊(用显微镜观察,必要时加酸调节)。

E. 第2次加胶　加入剩余的40 mL胶液,使之全部成囊(用显微镜观察,必要时加酸调节)。

F. 固化　在搅拌下加入40 ℃左右的蒸馏水230～250 mL后,从水浴中取出,继续搅拌,待冷至32～35 ℃时,移置冰浴中,搅拌,急速降温至10 ℃以下,加入37%甲醛溶液4 mL,搅拌20分钟,用5%氢氧化钠溶液调至pH值=7～8,搅拌1小时后在显微镜下观察、绘图并测量微囊大小。

G. 过滤、干燥　从冰浴中取出微囊液,静置待微囊下沉,抽滤,用蒸馏水洗涤,加入约6%淀粉,用20目筛制粒,50 ℃以下干燥,称重,计算收得率。

③ 观测结果

用显微镜测量微囊大小,并将测量结果填入表2-6中。

表2-6　鱼肝油微囊制备记录

阿拉伯胶用量		阿拉伯胶乳液pH值	
明胶用量		明胶液pH值	
鱼肝油用量		混合液pH值	

续表 2-6

甘油用量		pH 值	
调节混合液所用10%醋酸量		固化用甲醛量	
显微镜观察微囊平均直径		湿囊质量	
碱化用5%氢氧化钠液量		干囊质量	
加入淀粉量		收得率	
总加水量			

(2) 磺胺二甲嘧啶(SM_2)微囊(固体药物的包裹)

① 处方

磺胺二甲嘧啶	1.2 g
3%明胶溶液	20 mL
3%阿拉伯胶溶液	20 mL
10%醋酸溶液	适量
37%甲醛溶液	1.6 mL

② 制备

① 胶液的配制

分别配制3%阿拉伯胶溶液和3%明胶溶液各50 mL,明胶溶液用20%氢氧化钠溶液调节 pH 值至7～8,备用。

② 混悬

取研细的磺胺二甲嘧啶细粉1.2 g 置250 mL 烧杯中,加入3%阿拉伯胶溶液20 mL,置45 ℃水浴中,搅拌片刻,再加入等温的3%明胶溶液20 mL,搅拌均匀。

③ 凝聚及固化

在不断搅拌下,滴加10%醋酸,调节混悬液 pH 值至3.8～4.1即产生凝聚,用显微镜观察凝聚情况。凝聚后继续搅拌5 min,加入37 ℃蒸馏水80 mL稀释,移去热水浴,待微囊混悬液的温度降至25～28 ℃后,移置冰浴中,待温度降至10 ℃以下后,加入37%甲醛溶液1.0 mL,固化0.5～1 h,然后加20%氢氧化钠溶液 pH 值至9.0左右。

④ 制粒、干燥

将湿囊过滤,用蒸馏水洗涤至无甲醛味,抽干,加适量淀粉制成颗粒,置

70 ℃以下干燥，即得。

(3) 将实验结果填入表 2-7 中。

表 2-7　SM_2 微囊制备记录

阿拉伯胶溶液的浓度		阿拉伯胶溶液用量	
明胶溶液的浓度		明胶溶液用量	
SM_2 用量		明胶溶液 pH 值	
加水总量			
调节混合液所用 10％醋酸量		混合液 pH 值	
显微镜观察微囊平均直径/μm		微囊形态	
固化用甲醛量		碱化后 pH 值	
碱化用 20％氢氧化钠用量			

三、思考题

绘图说明在调节 pH 值前后显微镜观察到的混合药液的变化情况，并说明变化原因。

四、注意事项

1. 根据生产方法的不同，明胶有 A 型和 B 型之分，A 型明胶的等电点为 pH 值 7～9，B 型明胶的等电点为 pH 值 4.8～5.2。制备微囊所用的明胶为 A 型。

2. 用 10％醋酸溶液调节 pH 值时，应逐渐滴入，特别是当 pH 值接近 4 时更应小心，并随时取样在显微镜下观察微囊的形态。

3. 甲醛可使囊膜的明胶变性固化。甲醛用量的多少能影响明胶的变性程度，亦即影响药物的释放快慢。

4. 当降温至接近凝固点时，微囊容易粘连，故应不断搅拌并用适量水稀释。

5. 用 5％氢氧化钠溶液调节 pH 值至 7～8 时，可增强甲醛与明胶的交联作用，使凝胶的网状结构孔隙缩小而提高热稳定性。

2.5 固体分散体的制备

固体分散体又称固体分散物，是药物与载体混合制成的高度分散的固体分散体系。难溶性药物制成固体分散体，可以显著提高药物的溶出与吸收，从而提高药物的生物利用度。固体分散体还可起到长效作用，如用乙基纤维素、聚丙烯酸树脂等一些缓释材料为载体，可制备缓释固体分散物。固体分散体可进一步制成片剂、胶囊剂、栓剂、颗粒剂等，也可直接制成滴丸剂。

固体分散体常用的载体有聚乙二醇类，最常用的是 PEG 4000 和 PEG 6000，它们的熔点低(50～63 ℃)，毒性较低，化学稳定性较好，但在 180 ℃以上可分解，易溶于水和多种有机溶剂。聚乙烯吡咯烷酮类，为无定形高分子聚合物，常选用 PVPk15、PVPk30 等，易溶于水和多种有机溶剂。还有含聚氧乙烯基的表面活性剂如泊洛沙姆(Ploxamer)188 和卖泽类、纤维素及其衍生物等。

固体分散体常用的制备方法有：

(1) 熔融法

熔融法是将药物与载体混匀后，加热熔融，并在剧烈搅拌下迅速冷却固化。本方法适用于熔点较低的药物。

(2) 溶剂法

溶剂法又称共沉淀法，将药物与载体共溶于同一溶剂系统中，蒸去溶剂即得共沉淀固体分散体。本方法适用于高熔点的药物。

(3) 溶剂-熔融法

将药物溶于有机溶剂中制成溶液，加入熔融的载体中，搅匀后冷却固化即得。适用于高熔点、不耐热的药物。

(4) 研磨法

将药物和载体混匀后，长时间强力研磨，使药物与载体以氢键结合形成固体分散体。所用载体比例较高，适用于小剂量药物。

(5) 喷雾干燥(或冷冻干燥)法

将药物和载体溶解于同一溶剂中，喷雾干燥或冷冻干燥除去溶剂即得。适用于遇热不稳定的药物。

根据药物的分散状态及制备方法，可把固体分散体分为低共熔混合物、共沉淀物和固态溶液三种类型，它们中药物的分散状态分别为微晶、无定形及分子三种形式。三种类型均可提高药物的溶出速度，其中以固态溶液的效果最好。固体分散体提高溶出速度的原理主要有以下几点：

(1) 药物以分子或无定形、亚稳定型、微晶等状态分散在载体中，分散度增大。

(2) 可溶性载体增加了药物的润湿性。

(3) 载体和药物之间由于氢键作用或络合作用其黏度增大，抑制了药物结晶的形成及成长，保证了药物的高度分散性。

(4) 药物在载体中形成过饱和的固态溶液，服用后在胃肠液中析出细小的药物微粒，分散度高，溶出速度快。

药物与载体是否形成固体分散体及药物的分散状态可通过溶出速度、平衡溶解度、熔点的测定，X射线衍射、差热分析及偏光显微镜等方法验证。

一、实验目的

1. 掌握固体分散体共沉淀物的制备工艺。
2. 了解固体分散体形成的方法。
3. 了解滴丸剂的制备方法。

二、实验内容

1. 主要仪器及试剂

仪器：紫外分光光度计、溶出度测定仪、滴丸机、量瓶、蒸发皿、干燥器、恒温水浴仪。

材料：布洛芬、PVP、无水乙醇、二氯甲烷、0.2 mol/L磷酸氢二钾、0.2 mol/L氢氧化钠、蒸馏水。

2. 实验过程

1) 布洛芬-PVP共沉淀物的制备

(1)处方

布洛芬	0.5 g
PVP	2.5 g

(2) 制法

取PVP 2.5 g置蒸发皿中，加无水乙醇-二氯甲烷(1：1体积分数)混合溶剂10 mL在50～60 ℃水浴仪上加热使其溶解，再加入0.5 g布洛芬，搅拌使其溶解，持续搅拌蒸去溶剂。然后将蒸发皿置真空干燥箱内干燥，于60 ℃、

80～100 kPa 真空条件下干燥 1 h，取出，粉碎过 80 目筛备用，可制备片剂、胶囊剂等。

（3）注意事项

① 若制备量大，可在蒸馏瓶中制备并回收有机溶剂，浓缩至稠膏后倒出，再干燥。减压干燥制得的共沉淀物更均匀、疏松，易于粉碎。

② 溶剂的蒸发速度越快，共沉淀物越均匀，故应搅拌使之快速蒸发。

2）布洛芬-PVP 物理混合物的制备

按共沉淀物中布洛芬-PVP 的含量，称取布洛芬和 PVP，混合均匀，即得。

3）溶出速度的测定

（1）溶出介质的配制

取浓度为 0.2 mol/L 磷酸氢二钾溶液 250 mL 和浓度为 0.2 mol/L NaOH 溶液 175 mL，加新煮沸过的蒸馏水定容至 1000 mL，摇匀即得 pH 值为 7.2 的磷酸盐缓冲液。

（2）标准曲线的制备

① 配制标准溶液

精密称定干燥至恒重的布洛芬 10 mg 于 50 mL 量瓶中，加无水乙醇溶解，并稀释至刻度。配成每升含布洛芬 200 mg 的标准溶液。

② 绘制标准曲线

精密吸取标准溶液 0.5 mL、1 mL、2 mL、3 mL、4 mL、5 mL，分别置于 100 mL 量瓶中，用溶出介质稀释至刻度，摇匀，分别得到每升含布洛芬 1 mg、2 mg、4 mg、6 mg、8 mg、10 mg 的标准样品。以溶出介质为空白，将样品用紫外分光光度计在 222 nm 波长处测定吸收度 A，并以 A 为纵坐标、C（标准样品浓度，mg/L）为横坐标，绘制标准曲线或求出标准曲线回归方程备用。

（3）溶出速度测定

按《中国药典》（二部）附录 XC 第二法量取溶出介质（pH 值为 7.2 的磷酸盐缓冲液）900 mL，注入操作容器内，加热使介质温度维持在（37±0.5）℃，开动电机并调整搅拌桨的转速为 75 r/min。精密称取相当于 100 mg 布洛芬的布洛芬-PVP 共沉淀物或物理混合物，投入操作容器内，并开始计时。分别于 5 min、10 min、15 min、20 min、25 min、30 min 取样 5 mL，同时补加同体积预热至 37 ℃的溶出介质。样品经微孔滤膜（孔径 0.8 μm）过滤，精密量取续滤液 2 mL 置于 25 mL 量瓶中，加溶出介质稀释至刻度，以溶出介质为空白，在 222 nm 处测定吸收度 A，记入表 2-8 中。

表 2-8　标准曲线相关数据

标准样品浓度/(mg/L)	1	2	4	6	8	10
A						

4. 熔点测定

分别取布洛芬粉末、PVP 粉末、布洛芬-PVP 物理混合物及共沉淀物粉末装入毛细管中，按《中国药典》(二部)附录ⅥC 第一法测定样品的熔点。

5. 实验结果

(1) 标准曲线(相关数据记录于表 2-8 中)

① 绘制标准曲线。

② 求出标准曲线回归方程。

(2) 累积溶出量

根据测得样品的吸收度 A 和标准曲线方程计算溶出样品的浓度 C，记入表 2-9 中，并根据下式计算累积溶出量，记入表 2-9 中。

$$\text{累积溶出量}=\frac{C\times V\times \text{稀释倍数}}{W}\times 100\% \tag{3-1}$$

式中　C——t 时间溶出样品浓度，mg/L；

V——介质体积，L；

W——投药量，mg。

稀释倍数在正常情况下为 12.5。

表 2-9　布洛芬溶出速度测定数据

溶出时间/min	布洛芬-PVP 共沉淀物			布洛芬-PVP 物理混合物		
	A	C/(mg/L)	累计溶出量/(%)	A	C/(mg/L)	累计溶出量/(%)
5						
10						
15						
20						
25						
30						

(3) 绘制溶出曲线

以累积溶出量(%)为纵坐标、时间为横坐标,分别绘制布洛芬-PVP共沉淀物及物理混合物的溶出曲线,并比较两者的溶出速度,说明共沉淀物的形成。

(4) 熔点的测定(数据记录于表2-10中)

表 2-10　熔点测定数据

样品	熔点/℃
布洛芬	
PVP	
布洛芬-PVP物理混合物	
布洛芬-PVP共沉淀物	

比较四种样品的熔点,说明共沉淀物的形成机理。

三、思考题

1. 固体分散体可分为几种?其提高难溶性药物生物利用度的机理有哪些?

2. 物理混合物与共沉淀物的熔点及溶出速度是否一样?为什么?

3. 本实验中制备固体分散体的方法是什么?

2.6　包合物的制备

环糊精(Cyclodextrin,简称CD)是一种新型的水溶性包合材料,是淀粉经酶解得到的一种产物。这些分子中有6～8个葡萄糖残基,分别简称α-环糊精、β-环糊精、γ-环糊精。其中,β-环糊精使用较为广泛。β-CD具筒状结构,筒内壁空腔直径约7 Å,筒内侧显疏水性,可将一些体积和形态合适的药物分子或部分基团借助范德华力包合在疏水区内,形成的包合物对药物起稳定(抗氧化,抗紫外线,防止挥发)或提高溶解度等作用。薄荷油中主要成分为薄荷脑、薄荷酮等成分,具有发汗、抗菌、解痉等作用,但容易挥发,制成β-CD的包合物可以延缓和减少其挥发。

一、目的要求

通过本实验了解β-环糊精的性质、应用以及包合物的检查方法。

二、实验内容

1. 主要仪器及试剂

仪器：带塞锥形瓶(100 mL)、标准滴管、玻璃棒、量筒(100 mL)、展开槽、干燥器、薄层板、挥发油、提取器、水浴、电炉、分析天平、胶囊机等。

材料：β-CD、薄荷油、无水乙醇、硅胶 G、α-Al_2O_3、1%香荚兰醛硫酸溶液、乙酸乙酯、石油醚等。

2. 实验过程

(1) 处方

β-CD	4 g
薄荷油	1 mL
水	50 mL

(2) 制法

称取 β-CD 4 g，放入 100 mL 带塞锥形瓶中，加水 50 mL，加热溶解，降温至 50 ℃，滴加薄荷油 1 mL，50 ℃恒温搅拌 2.5 h，冰浴冷却，有白色沉淀物析出，待沉淀完全后过滤。用无水乙醇 5 mL 洗涤沉淀 3 次，至表面近无油迹，将包合物置于干燥器中干燥即得，制得的 β-CD 包合物可制备片剂、胶囊剂、颗粒剂等。

(3) 薄层层析法检查包合物

① 样品的制备

取包合物 0.5 g，加入 95%乙醇 2 mL，振摇后过滤，得样液 A。另取薄荷油 2 滴，加入 95%乙醇 2 mL，混合溶解，得样液 B。

② 制板

取硅胶 G 和水以 1∶3 的比例研磨、铺板、自然干燥，置于 105 ℃烘箱中活化 1 h，备用。

③ 点样

以毛细管吸取样液 A 和 B 各约 10 μL，点样。

④ 展开

展开剂为乙酸乙酯-石油醚(15∶85)共溶剂系统。将点样后的硅胶板放入展开槽中饱和 5 min,再斜行展开。

⑤ 显色

喷 1%香荚兰醛硫酸溶液,烘干,比较样液 A、B 斑点的异同。

(4) 包合物的含油率、利用率以及收得率的测定

称取包合物 3 g 置于 250 mL 圆底烧瓶中,加水 150 mL,用挥发油提取器提取出薄荷油,称重,按以下公式计算。

$$包合物的含油率=\frac{包合物中实际含油量(g)}{包合物量(g)}\times 100\% \tag{3-2}$$

$$包合物中薄荷油的利用率=\frac{包合物中实际含油量(g)}{投油量(g)}\times 100\% \tag{3-3}$$

$$包合物的收得率=\frac{包合物量(g)}{\beta\text{-CD}(g)+薄荷油投入量(g)}\times 100\% \tag{3-4}$$

三、思考题

1. 制备包合物时应注意哪些关键操作和问题?

2. 本实验采用饱和水溶液法制备包合物,还有哪些方法可以制备包合物?各有何优缺点?

3. 包合物在药物制剂中有何意义?

四、注意事项

1. 本实验采用饱和水溶液法(亦称共沉淀法)制备包合物,主体分子 β-CD 在水中的溶解度为 1.79%(25 ℃),但在 45 ℃时溶解度可增大至 3.1%。故在实验过程中,应控制好温度。包合完成后降低温度,使其从水中析出沉淀。

2. 包合率取决于环糊精的种类、药物与环糊精的配比量及包合时间,应按照实验要求进行操作。

3　药物分析实验

3.1　葡萄糖杂质检验

一、实验目的

掌握一般杂质检查的目的和原理，熟悉杂质检查的操作方法。

二、测定指标

1. 酸度

取本品 2.0 g，加水 20 mL 溶解后，加酚酞指示液 3 滴与氢氧化钠滴定液(0.02 mol/L)20 mL，应显粉红色。

2. 溶液的澄清度与颜色

取本品 5 g，加热水溶解后放冷，用水稀释至 10 mL，溶液应澄清无色。如显浑浊，与 1 号浊度标准液比较，不得更浓；如显色，与对照液(比色用氯化钴液 3 mL、比色用重铬酸钾液 3 mL 与比色用硫酸铜液 6 mL，加水稀释成 50 mL)1.0 mL 加水稀释至 10 mL 比较，不得更深。

3. 氯化物

取本品 0.60 g，加水溶解使其成 25 mL(如显碱性，可滴加硝酸使其遇石蕊试纸显中性反应)，再加稀硝酸 10 mL，溶液如不澄清，则过滤。置于 50 mL 纳氏比色管中，加水至约 40 mL，加硝酸银试液 1 mL，用水稀释使其成 50 mL，摇匀，在暗处放置 5 min。如浑浊，与一定量标准氯化钠溶液制成的对照液[取标准氯化钠溶液(10 μgCl/mL)6.0 mL 置于 50 mL 纳氏比色管中，加稀硝酸 10 mL，用水稀释使其成约 40 mL 后，加硝酸银试液 1 mL，再加水至 50 mL 摇匀，在暗处放置5 min]比较，不得更浓(0.01%)。

4. 硫酸盐

取本品 2.0 g，加水溶解使其成 40 mL(如显碱性，可滴加盐酸使其遇石蕊试纸显中性反应)。溶液如不澄清，则过滤，置于 50 mL 纳氏比色管中，加稀盐酸 2 mL，再加 25％氯化钡溶液 5 mL 并加水使其成 50 mL 摇匀，放置 10 min。如浑浊，与对照标准液（取标准硫酸溶液 2.0 mL 置于 50 mL 纳氏比色管中，加水稀释使其成 40 mL，之后加稀盐酸 2 mL 并加 25％ 氯化钡溶液 5 mL，再加水稀释，使其成 50 mL，摇匀，放置 10 min）比较，不得更浓（0.01％）。

5. 乙醇溶液的澄清度

取本品 1.0 g，加 90％乙醇 30 mL，置于水浴仪上加热回流约 10 min，溶液应澄清。

6. 亚硫酸盐与可溶性淀粉

取本品 1.0 g，加水 10 mL 溶解后，加碘试液 1 滴，应显黄色。

7. 干燥失重

取本品，在 105 ℃干燥至恒重，失重不得超过 9.5％。

8. 炽灼残渣

取本品 1～2 g 置于已炽灼至恒重的瓷坩埚中，精密称定，加硫酸 0.5～1 mL润湿，低温加热至硫酸蒸气除尽后，在 700～800 ℃炽灼使其完全灰化。移置于干燥器内，放冷，精确称定后再在 700～800 ℃炽灼至恒重，所得炽灼残渣不得超过 0.1％。

9. 铁盐

取本品 2.0 g，加水 20 mL 溶解后，加硝酸 3 滴，缓缓煮沸 5 min，放冷，加水稀释至 45 mL，硫氰酸铵溶液（30→100）3 mL，摇匀。如显色，与标准铁溶液 2.0 mL 用同一方法制成的对照液比较，颜色不得更深（0.001％）。

10. 重金属

取 25 mL 纳氏比色管两支，一支管加标准铅溶液（10 $\mu gPb^{2+}/mL$）2.0 mL，醋酸盐缓冲液（pH 值 3.5）2 mL，加水至 25 mL；另一支管取本品 4.0 g，加水 23 mL 溶解，加醋酸盐缓冲液（pH 值 3.5）2 mL，各管分别加硫代乙酰胺试液 2 mL，摇匀后再放置 2 min，同置于白纸上，自上向下透视，供试液显出的颜色与标准铅溶液比较，不得更深，金属含量不得超过百万分之五。

11. 砷盐

取本品 2.0 g，置于检砷瓶中，加水 5 mL 溶解后，加稀硫酸 5 mL 与溴化钾试液 0.5 mL，置于水浴仪上加热约 20 min，保持稍过量的溴存在。必要时，再补加溴化钾溶液适量，并随时补充蒸发的水分，放冷，加盐酸 5 mL 与适量水至 28 mL，加碘化钾试液 5 mL 及酸性氯化亚锡试液 5 滴，在室温放置 10 min 后加锌粒 2 g，迅速将瓶塞塞紧（瓶塞上已安放好装有醋酸铅棉及溴化汞试纸的检砷管)，保持反应温度在25～40 ℃(视反应快慢而定，但不应超过40 ℃)。45 min后，取出溴化汞试纸，将生成的砷斑与标准砷溶液(1 μgAs/mL)一定量制成的标准砷斑比较，颜色不得更深(0.0001%)。

标准砷斑的制备：精确吸取标准砷溶液(1 μg As/mL)2 mL置于另一检砷瓶中，按供试品依法操作即可。

12. 蛋白质

取本品1.0 g，加水10 mL溶解后，加磺基水杨酸溶液(1→5)3 mL，不得产生沉淀。

三、注意事项

1. 葡萄糖溶解，而淀粉和糊精等不溶。

2. 存在可溶性淀粉时呈蓝色，存在亚硫酸盐时碘液褪色。

3. pH值为3～3.5时PbS沉淀较完全。

4. 氯化亚锡与锌作用，在锌粒表面形成锌锡齐，起去极化作用，从而使氢气均匀而连续地产生。

5. 如使用的锌粒较大时，用量得酌量增加。

四、思考题

1. 对于葡萄糖杂质检查，药典规定测十二项，是根据什么原则制定的？目的何在？

2. 重金属与砷盐的检查原理是什么？如何计算其限量？

五、溶液配制一览

1. 酚酞指示液

取酚酞1 g，加乙醇100 mL使其溶解，即得(必要时过滤)。

2. 标准NaCl储备液

精密称取干燥至恒重的氯化钠0.165 g，置于1000 mL量瓶中，加水适量使其溶解并稀释至刻度，摇匀，作为储备液。

临用前，量取储备液10 mL，置于100 mL量瓶中，加水稀释至刻度即得10 μg/mL NaCl标准液。

3. 硝酸银试液0.1 mol/L

取硝酸银1.75 g，加水适量使其溶解成100 mL，摇匀即得。

4. 稀盐酸

取盐酸 2.34 mL,加水稀释至 10 mL,即得。

5. 标准 K_2SO_4溶液

精密称取干燥至恒重的硫酸钾 0.181 g,置于 1000 mL 量瓶中,加水适量使其溶解并稀释至刻度,摇匀即得。

6. 碘试液 0.05 mol/L

取碘 1.30 g,加碘化钾 3.6 g 与水 5 mL,加盐酸 1 滴与水适量使其成 100 mL,摇匀,用垂熔玻璃滤器过滤。

7. 标准铁储备液

精确称取硫酸铁铵[$FeNH_4(SO_4)_2 \cdot 12H_2O$]0.863 g,置于 1000 mL 量瓶中,加水溶解后加硫酸 2.5 mL,用水稀释至刻度,摇匀,作为储备液。

临用前,量取储备液 10 mL,置于 100 mL 量瓶中,加水稀释至刻度即得 10 μg/mL标准铁溶液。

8. 标准铅储备液

精确称取干燥至恒重的硝酸铅 0.160 g,置于 1000 mL 量瓶中,加硝酸 5 mL 与水 50 mL 溶解后,用水稀释至刻度,摇匀,作为储备液。

临用前,精密量取储备液 10 mL,置于 100 mL 量瓶中,加水稀释至刻度,摇匀,即得。

9. 醋酸盐缓冲溶液(pH 值 3.5)

取醋酸铵 25 g,加水 25 mL 溶解后,加 7 mol/L 盐酸溶液 38 mL,用 2 mol/L 盐酸溶液或 5 mol/L 氨溶液准确调节 pH 值至 3.5,用水稀释至 100 mL。

10. 硫代乙酰胺试液

取硫代乙酰胺 4 g,加水使其溶解成 100 mL,置于冰箱中保存。临用前取混合液(由 1 mol/L 氢氧化钠溶液 15 mL,水 5.0 mL 及甘油 20 mL 组成)5.0 mL,加上述硫代乙酰胺溶液 1.0 mL 后置于水浴仪上加热 20 s,冷却,立即使用。

11. 氢氧化钠滴定液(0.1 mol/L)

取氢氧化钠适量,加水振摇使其溶解成饱和溶液,冷却后,置于聚乙烯塑料瓶中,静置,澄清后备用。

取澄清的氢氧化钠饱和溶液 5.6 mL,加新沸过的冷水使其成 1000 mL,摇匀。

如需用氢氧化钠滴定液(0.05 mol/L、0.02 mol/L 或 0.01 mol/L)时,可取氢氧化钠滴定液(0.1 mol/L)加新沸过的冷水稀释制成。

3.2 药物的鉴别实验

一、实验目的

1. 掌握典型药物的特殊鉴别实验。

2. 掌握根据药物结构特征区别各类药物的方法，并根据各个药物的专属性实验进行鉴别确证。

3. 熟悉药物的其他鉴别实验。

二、主要药品

异烟肼(Isoniazid)片、阿司匹林(Aspirin)肠溶片、维生素 B_1(Vitamin B_1)片、对乙酰氨基酚(Paracetamol)片、维生素 C 片。

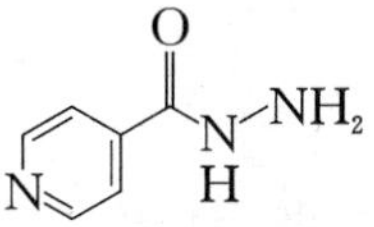

Isoniazid($C_6H_7N_3O$ 137.14)

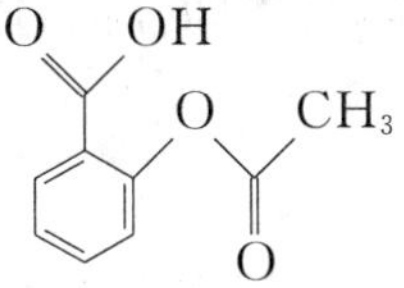

Aspirin($C_9H_8O_4$ 180.16)

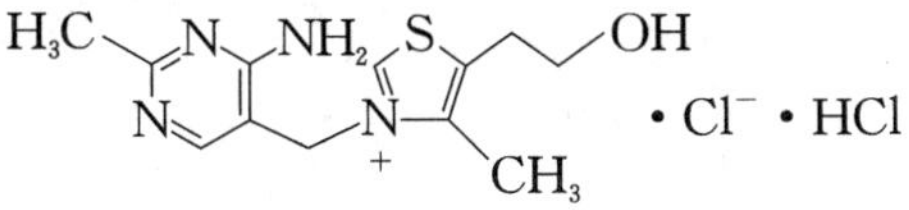

Vitamin B_1($C_{12}H_{17}ClN_4OS \cdot HCl$ 337.27)

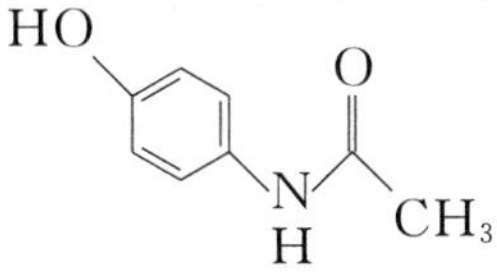

Paracetamol($C_8H_9NO_2$ 151.16)

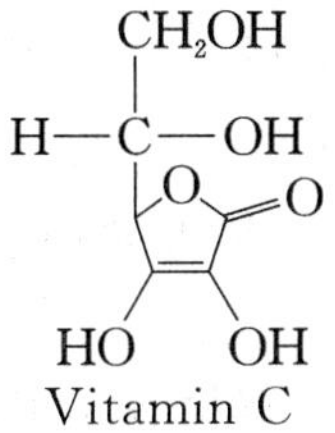

Vitamin C

三、实验方法

1. 自行设计区别上述药物的方法，写出实验操作方法、理论依据和反应原理。

2. 根据上述5类药物的结构、理化特性与鉴别方法的关系，结合自己的实验设计进行讨论，然后根据实验室条件和实验时数，选择合适的区别与鉴别实验内容。

3. 进行实际操作。对上述没有标签药物进行区别、确证。

四、注意事项

1. 设计实验前需充分了解各类药物的结构与理化特性、个性与共性，即一般鉴别实验与特殊鉴别实验。选择最具某类药物结构特征的鉴别实验来区别不同类型的药物；选择各个药物最具特征的专属反应来确证该药物。

2. 应对被检样品同时进行某一实验，根据反应结果做出区别结论，通过几个区别实验，将未知样品进行初步分类，然后再用特殊鉴别实验进行一一确证。

3.3　高效液相色谱法测槐米中芦丁含量

一、实验目的

1. 掌握高效液相色谱法测定药物含量的基本原理、操作步骤及注意事项。

2. 掌握芦丁含量的测定方法。

二、实验内容

1. 色谱条件与系统适用性实验

以十八烷基硅烷键合硅胶为填充剂，以甲醇-1%冰醋酸溶液(32∶68)为流动相，检测波长为257 nm。理论塔板数按芦丁峰计算应不低于2000。

2. 对照品溶液的制备

精确称取在120 ℃减压干燥至恒重的芦丁对照品适量，加甲醇制成每

1 mL 含 0.1 mg 的溶液，即得。

3. 供试品溶液的制备

取本品粗粉(槐花约 0.2 g、槐米约 0.1 g)，精确称定，置于具塞锥形瓶中，精确加入甲醇 50 mL，称定质量，超声处理(功率 250 W，频率 25 kHz) 30 min，放冷，再称定质量，用甲醇补足减少的质量。用滤纸过滤。精确量取续滤液2 mL，置于 10 mL 量瓶中，加甲醇稀释至刻度，摇匀即得。用注射器从量瓶中抽取 5 mL 溶液，移去针头换上 0.22 μm 尼龙滤头，接取续滤液至 EP 样品管中，贴上标签，准备进样。

4. 测定法

分别精确吸取对照品溶液与供试品溶液各 10 μL，注入液相色谱仪，测定，得到对照品与供试品峰面积 A。

5. 结果计算

以高效液相测试供试品溶液浓度：

$$C_{供试}=\frac{C_{对照}\times A_{供试}}{A_{对照}}$$

计算槐米中芦丁含量。

本品按干燥品计算，含无水芦丁($C_{27}H_{30}O_{16}$)槐花不得少于 6.0%，槐米不得少于 15.0%。

三、注意事项

1. 高效液相色谱法的流动相在不同的仪器上使用时得到的色谱图略有差异，因此上述的流动相可能需要适当调整。
2. 超声波提取过程中时常有发热现象，因此宜加入少许冰块。
3. 注射器针头勿随意遗弃，需盖上套管后扔进垃圾桶，以防扎手。

四、思考题

1. 供试品制备中两次过滤的作用分别是什么？为什么要接取续滤液？
2. 流动相中加入无机酸的作用是什么？
3. 槐米中芦丁含量是否在限定值内？如有偏差，请分析原因。

3.4 可见分光光度法测定大山楂丸中总黄酮的含量

一、实验目的

1. 掌握用分光光度法测定中药制剂中总黄酮含量的方法。
2. 掌握可见分光光度计的使用方法。

二、基本原理

大山楂丸由山楂、神曲和麦芽组成，主要功能为开胃消食。其中，山楂主要成分为有机酸、黄酮类及多种维生素。

黄酮类化合物具有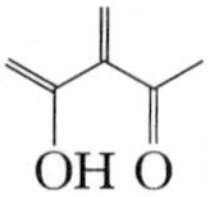、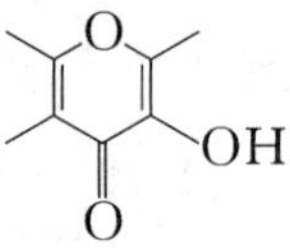、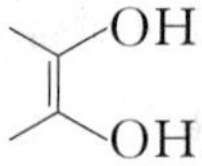结构，可与铝盐、铅盐、镁盐等金属盐类试剂反应，生成有色配合物，可用可见分光光度法测定其含量。本实验利用黄酮类化合物在亚硝酸钠的碱性溶液中，与 Al^{3+} 产生高灵敏度的橙红色配合物（$\lambda_{max}=510$ nm），从而用可见分光光度法（比色法）测定大山楂丸中总黄酮的含量。

三、仪器与试剂

可见分光光度计、分析天平、索氏提取器。乙醇（A. R）、5%亚硝酸钠溶液、10%硝酸铝溶液、1mol/L 氢氧化钠溶液、槲皮素（中国药品生物制品检定所）、大山楂丸（市售品）。

四、操作步骤

1. 标准液的配制：精确称取槲皮素对照品 20 mg，置于 100 mL 容量瓶中，加 95%乙醇 50 mL 使其溶解，然后加 50%乙醇稀释至刻度，即得 0.2 mg/mL 的对照品溶液。

2. 标准曲线的制备：精确量取对照品溶液 0.0 mL、1.0 mL、2.0 mL、3.0 mL、4.0 mL、5.0 mL，分别置于 10 mL 容量瓶中，各加 50%乙醇溶液使其成 5 mL，精确加入 5%亚硝酸钠溶液 0.3 mL，摇匀，放置 6 min，加入 10%

硝酸铝溶液 0.3 mL，摇匀，再放置 6 min，加入 1%氢氧化钠溶液 4 mL，分别用 50%乙醇稀释至刻度，摇匀，放置 15 min。以第一瓶作空白组，用可见分光光度计在 510 nm 处测其吸收度，作 *A-C* 标准曲线(或计算其回归方程)。

3. 样品液的制备：精确称取 120 ℃干燥 2 h 的大山楂丸 6.5 g，置索氏提取器中，用 95%乙醇 125 mL 回流提取 4 次，将提取液移至 250 mL 容量瓶中，补加蒸馏水至刻度，摇匀即得。

4. 含量测定：精确量取提取液 3 mL，按上述标准曲线制备方法进行测定，并由标准曲线或回归方程计算样品中总黄酮的含量。

五、注意事项

1. 实验证明，提取虹吸次数达到 4 次，基本能提尽样品中黄酮。

2. 实验证明，样品显色后，在 30 min 内测定总黄酮含量，无明显改变，超过 30 min，含量有所改变。

六、思考题

1. 比色法操作的注意事项是什么？

2. 总黄酮与单体黄酮的测定方法有何不同？

4 药物合成实验

4.1 甲基硫氧嘧啶的制备

一、目的要求

1. 学习用1,3-二羰基化合物与脲反应合成嘧啶环的方法。
2. 掌握本实验涉及的各实验操作技能。

二、反应式

$CH_3COCH_2COOC_2H_5 \xrightarrow{Na_2CO_3,\text{硫脲}}$ 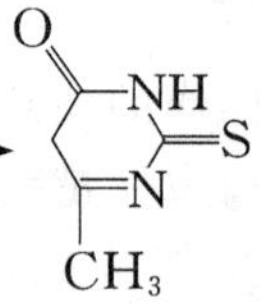

三、操作步骤

1. 原料规格及配比(表4-1)

表4-1 原料规格及配比

原料名称	规格	投料量	物质的量(mmol)	物质的量之比
乙酰乙酸乙酯	CP	30 mL		
硫脲	CP	10 g		
无水碳酸钠	CP	26.6 g		
蒸馏水	CP	80 mL		
浓盐酸	CP	40 mL		

2. 操作

在备有温度计、搅拌器和回流冷凝管的250 mL三口瓶中，投入10 g硫脲和10 mL蒸馏水，加热(70 ℃左右)至硫脲完全溶解后再加入25.7 g(约30 mL)的乙酰乙酸乙酯，搅拌均匀，随后在强力搅拌下迅速投入磨细的26.6 g无水碳酸钠，反应放热，放出二氧化碳，反应液变成浅黄色，随后继续加温至100 ℃，搅拌反应1 h，常压蒸去反应中生成的乙醇，反应物固化，趁热用玻璃棒将瓶中的固体物打碎，静置冷却后过滤，滤饼压碎后移到250 mL的烧杯中。

加入80 mL蒸馏水，搅匀后，缓缓地加入浓盐酸(约40 mL)调节pH值至4左右。静置，冷却过滤，用少量的冷水洗涤产品，压干后置于烘箱中于110～120 ℃干燥，即得甲基硫氧嘧啶粗品(类白色)，收率60%～63%，分解点322～326 ℃。

四、注意事项

1. 本反应属于非均相反应，需要加强搅拌。
2. 固体冷却后，较坚硬，不便于倾出过滤，需在全凝固之前搅碎倾出。
3. 中和前尽量将固体在漏斗中压碎。

五、思考题

1. 本反应属于什么反应类型，具有什么特点？
2. 试考虑其他合成甲基硫氧嘧啶的路线。

4.2 对乙酰氨基酚的制备

一、实验目的

1. 了解选择性乙酰化对氨基酚的氨基而保留酚羟基的方法。
2. 掌握易被氧化产品的重结晶精制方法。

二、实验原理

用计算量的醋酐与对氨基酚在水中反应，可迅速完成N-乙酰化而保留酚羟基。

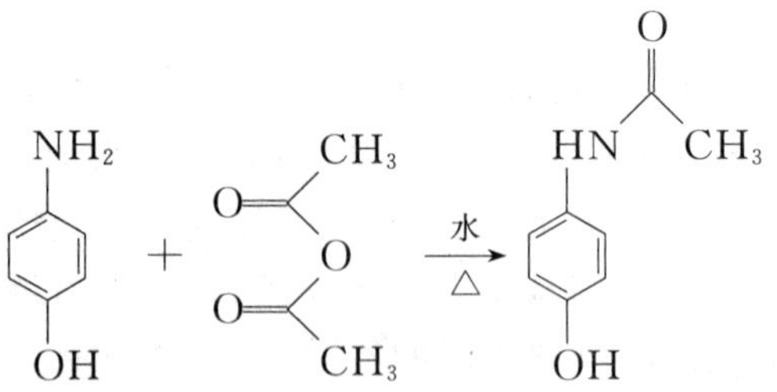

三、主要仪器和试剂

1. 主要仪器(表 4-2)

表 4-2　主要仪器

仪器	规格或型号	数量
锥形瓶	100 mL	2 只
温度计	250 ℃	1 支
玻璃棒		1 根
吸滤瓶	1000 mL	1 只
布氏漏斗	80 mm	1 只
量筒	50 mL 或 100 mL	1 只

2. 试剂(表 4.3)

表 4-3　试剂

试药	规格	物质的量/mol	用量
对氨基苯酚	CP	0.097	10.6 g
亚硫酸氢钠	CP		0.53 g
醋酐	CP		12 mL

四、操作步骤

1. 对乙酰氨基酚的制备

于干燥的 100 mL 锥形瓶中加入对氨基苯酚 10.6 g、水 30 mL、醋酐 12 mL,

轻轻振摇使成均相。再于 80 ℃水浴中加热反应 30 min，放冷，析晶，过滤，滤饼以 10 mL 冷水洗 2 次，抽干，干燥，得白色结晶性对乙酰氨基酚粗品约 12 g。

2. 精制

于 100 mL 锥形瓶中加入对乙酰氨基酚粗品，每克用水 5 mL，加热使溶解，稍冷后加入活性炭 1 g，煮沸 5 min，在吸滤瓶中先加入亚硫酸氢钠 0.5 g，趁热过滤，滤液放冷析晶，过滤，滤饼以 0.5%亚硫酸氢钠溶液 5 mL 分 2 次洗涤，抽干，干燥，得白色对乙酰氨基酚纯品约 8 g，熔点为 168～170 ℃。

五、注意事项

1. 对乙酰苯酚的质量是影响对乙酰氨基酚产量、质量的关键，购得的对乙酰苯酚应是白色或淡黄色颗粒状结晶，熔点为 183～184 ℃。

2. 酰化反应中，加水 30 mL。有水存在，醋酐可选择性地酰化氨基而不与酚羟基作用。若以醋酸代替醋酐，则难以控制氧化副产物，反应时间长，产品质量差。

3. 加亚硫酸氢钠可防止对乙酰氨基酚被空气氧化，但亚硫酸氢钠浓度不宜过高，否则会影响产品质量(亚硫酸氢钠限量超过药典允许量)。

六、思考题

1. 酰化反应为何选用醋酐而不选用醋酸作酰化剂？

2. 加亚硫酸氢钠的目的何在？

3. 对乙酰氨基酚中的特殊杂质是何物？它是如何产生的？

4.3　苯噁丙嗪的制备

一、目的要求

1. 通过本合成实验学习噁唑杂环的合成方法；

2. 掌握环合反应的实验操作；

3. 了解“一勺烩”工艺的操作方法。

二、合成路线

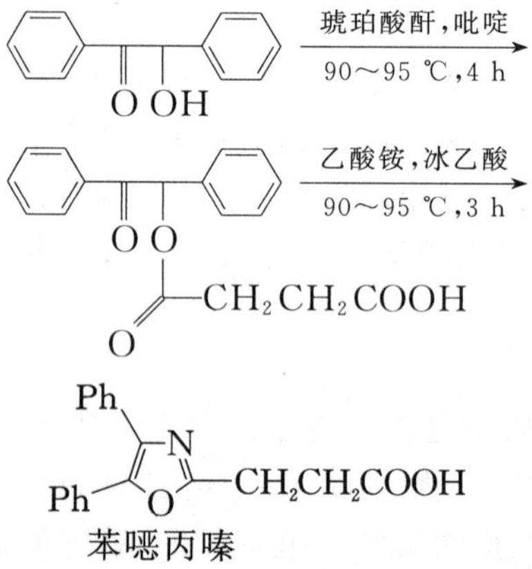

三、操作步骤

1. 原料规格及配比(表 4-4)

表 4-4　原材料规格及配比

原料名称	规格	投料量	物质的量/mmol	物质的量之比
安息香	CP	10 g		
琥珀酸酐	CP	7.1 g		
吡啶	CP	5.1 mL		
乙酸铵	CP	7.3 g		
冰乙酸	CP	30 mL		

2. 操作

在装有搅拌器、回流冷凝器和温度计的反应瓶中，依次加入安息香、琥珀酸酐和吡啶，加热至 90～95 ℃，搅拌反应 4 h，然后冷却至室温，加入乙酸铵和冰乙酸，继续升温至 90～95 ℃，搅拌反应 3 h，停止反应，冷却，加入 50 mL 蒸馏水，得到白色晶体，收集白色晶体，用蒸馏水洗涤，然后将结晶加入反应瓶中，同时加入适量水，加热到 60～70 ℃，搅拌 90 min，冷却至室温，收集结晶，用蒸馏水洗涤，干燥后即得产品，为白色针状结晶，熔点为 163～165 ℃，收率约 65%(以安息香计)。

四、思考题

1. 写出环合反应机制。乙酸铵在反应中起什么作用？
2. 苯噁丙嗪为哪类作用药，其主要的作用和用途是什么？
3. 采用“一勺烩”工艺有哪些优缺点？

4.4 苯佐卡因的制备

一、实验目的

1. 通过苯佐卡因(Benzocaine)的合成，学习酯化、还原等反应。
2. 掌握利用酸碱性、有机溶剂重结晶等精制固体物质的方法。

二、实验原理

苯佐卡因化学名为对氨基苯甲酸乙酯(Ethyl P-aminobenzoate)，化学结构式为：

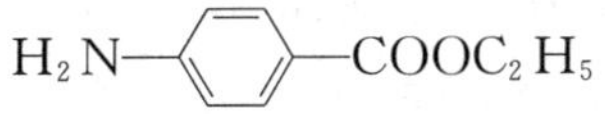

本品作为局部麻醉药，用于创面、溃疡面及痔疮的镇痛。

苯佐卡因的合成路线有两条：第一条以对硝基苯甲酸为原料，经酯化、还原制得；第二条是对硝基苯甲酸先还原，再酯化得目的物，见图 4-1。本实验用第一条路线合成苯佐卡因。

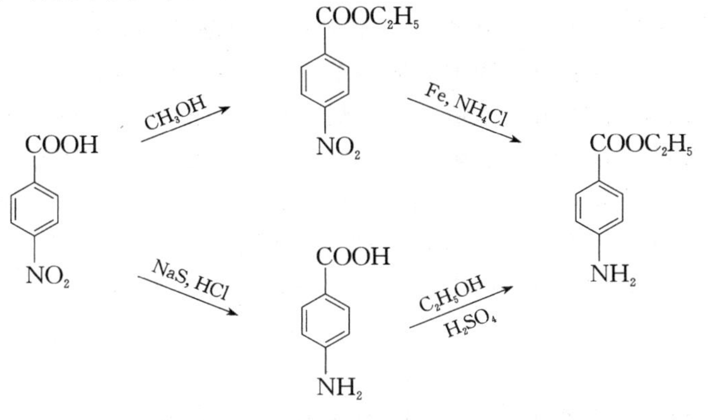

图 4-1 苯佐卡因的合成

三、实验方法

1. 对硝基苯甲酸乙酯的合成

(1) 原料与试剂

对硝基苯甲酸	10.2 g(0.06 mol)
无水乙醇	23 mL
浓硫酸	1.5 g

(2) 实验步骤

搅拌冷却后,将硫酸慢慢滴加到无水乙醇中(见注意事项 a.),升温,加入对硝基苯甲酸,加完后,加热回流 5 h(见注意事项 b.)。蒸馏回收一半乙醇后,将反应液倒入冰水中,析出晶体,冷却至 3～5 ℃,抽滤。滤饼加 5 倍量水搅拌均匀,用碳酸钠水溶液(见注意事项 c.)中和至 pH 值为 7.5～8.0,搅拌,复测 pH 值应为 7.5～8.0,抽滤,得对硝基苯甲酸乙酯。熔点为 56～58 ℃。

(3) 注意事项

a. 加浓硫酸一定要缓慢,以防乙醇被碳化;

b. 在回流过程中,反应液逐渐澄明,澄明后要继续回流一段时间,使反应趋于完全;

c. Na_2CO_3溶液的浓度为 40%(或饱和的 Na_2CO_3溶液)。

2. 苯佐卡因的合成

(1) 原料与试剂(见注意事项 a.)

对硝基苯甲酸乙酯(自制)、铁粉、4.1%氯化铵溶液、CH_2Cl_2、5%盐酸。

(2) 实验步骤

将氯化铵溶液升温至 95 ℃,搅拌后加入铁粉,保持 95～98 ℃,活化 20 min(见注意事项 b.)后,慢慢加入对硝基苯甲酸乙酯,反应 1.5 h。反应完毕,降温至 50 ℃,用饱和碳酸钠溶液调节 pH 值到 7～8,加入 3/4 量二氯甲烷搅拌均匀。抽滤,滤饼用 1/4 量二氯甲烷洗涤,洗涤液合并,静置分层,二氯甲烷层用 5%盐酸萃取 4 次,静置分层。分取水层,加入固体碳酸钠中和至 pH 值为 7～7.5(见注意事项 c.),析出结晶。抽滤,水洗,得苯佐卡因粗品。

粗品用乙醇加热溶解,加活性炭脱色(见注意事项 d.),抽滤,滤液冷却,加 3 倍量蒸馏水冷却至室温,析出结晶。抽滤,水洗,干燥,得苯佐卡因精品,熔点为 88～91 ℃。

(3) 注意事项

a. 对硝基苯甲酸乙酯为上步“1”中自制的,其他原料用量根据制得的对硝基苯甲酸乙酯量来决定，参考配料比（质量之比）：对硝基苯甲酸乙酯：铁粉：4.1％氯化铵溶液：二氯甲烷：5％盐酸＝1：0.86：3.33：6.66：20；

b. 铁粉一定要活化，否则，还原效果不佳；

c. 用固体碳酸钠中和时，应慢慢加入碳酸钠，以防生成大量泡沫而溢出，碳酸钠的用量可根据5％盐酸用量来初步计算得到；

d. 脱色-重结晶原料参考配比（质量之比）：

粗品：乙醇：活性炭＝1：2：0.1

四、思考题

1. 酯化反应为可逆反应，为打破平衡使反应向生成物方向移动，你认为可采取哪些措施？

2. 苯佐卡因制备中可能带进哪些杂质，如何除去？

4.5 外消旋α-苯乙胺的制备及拆分

4.5.1 外消旋α-苯乙胺的制备

一、实验目的

（1）了解 R. Leuchart 反应的基本原理。

（2）掌握外消旋α-苯乙胺的制备方法。

二、实验原理

醛或酮在高温下与甲酸铵反应得到伯胺的反应称为 R. Leuchart 反应。例如：

$$C_6H_5\overset{\overset{\displaystyle O}{\|}}{C}CH_3 \xrightarrow[185\ ℃]{HCOONH_4} C_6H_5\overset{\overset{\displaystyle NH_2}{|}}{C}HCH_3$$

反应中氨首先与羰基发生亲和加成，接着脱水生成亚胺，亚胺随后被还原生成胺。与还原胺化不同，这里不是催化氢化，而是用甲酸作为还原剂。反应过程如下：

$$HCOONH_4 \rightleftharpoons HCOOH + NH_3$$

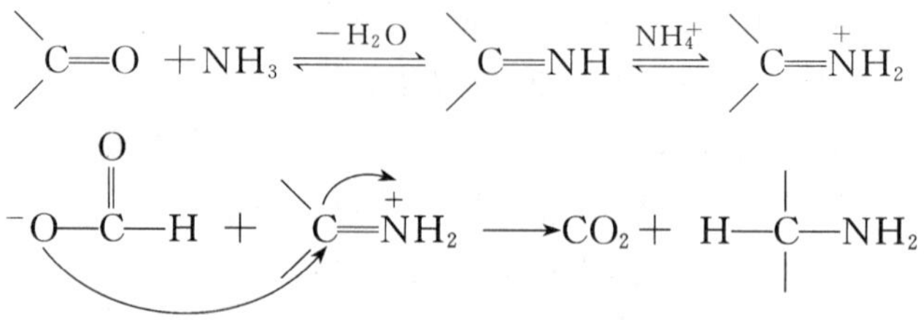

反应式如下：

$$C_6H_5COCH_3 + 2HCO_2NH_4 \longrightarrow C_6H_5CH(CH_3)NHCHO + NH_3 + CO_2 + 2H_2O$$

$$C_6H_5CH(CH_3)NHCHO + HCl + H_2O \longrightarrow C_6H_5CH(CH_3)\overset{\oplus}{N}H\overset{\ominus}{Cl}H + HCOOH$$

$$C_6H_5CH(CH_3)\overset{\oplus}{N}H\overset{\ominus}{Cl}H + NaOH \longrightarrow C_6H_5CH(NH_2)CH_3 + NaCl + H_2O$$

（±）α-苯乙胺

三、试剂

12 g(11.8 mL,0.1 mol)苯乙酮、20 g(0.32 mol)甲酸铵、二氯甲烷、浓盐酸。

四、步骤

在 100 mL 蒸馏瓶中，加入 11.8 mL 苯乙酮、20 g 甲酸铵和几粒沸石，蒸馏头上口装上插入瓶底的温度计，侧口连接冷凝管配成简单的蒸馏装置。在石棉网上用小火加热反应混合物至 150～155 ℃，甲酸铵开始融化分为两相，并逐渐变为均相。反应物剧烈沸腾，并有水和苯乙酮蒸气产出，同时不断产生泡沫，放出氨气。继续缓缓加热至温度到达 185 ℃，停止加热，通常约需 1.5 h。反应过程中可能会在冷凝管上生成一些固体碳酸铵，需暂时关闭冷凝水使固体溶解，避免堵塞冷凝管。将馏出物转入分液漏斗，分出苯乙酮层，重新倒回反应瓶，再继续加热 1.5 h，控制反应温度不超过 185 ℃。

将反应物冷却至室温，转入分液漏斗中，用 15 mL 水洗涤，以除去甲酸铵和甲酰胺，分出 N-甲酰-α-苯乙胺粗品，将其倒回原反应瓶。水层每次用 6 mL

二氯甲烷萃取两次,将合并萃取液也倒回反应瓶,弃去水层。向反应瓶中加入12 mL浓盐酸和几粒沸石,蒸出所有二氯甲烷,再继续保持微沸回流30～45 min,使N-甲酰-α-苯乙胺水解。将反应物冷却至室温,如有结晶析出,加入少量的水使之溶解。最后每次用6 mL二氯甲烷萃取3次,合并萃取液倒入指定的容器回收二氯甲烷,水层转入100 mL三颈瓶。

将三颈瓶置于冰浴中冷却,慢慢加入10 g氢氧化钠溶于20 mL水中并加以摇振,然后进行水气蒸馏。用pH试纸检查蒸出液,开始为碱性,至蒸出液pH=7为止。约收集溜出液65～80 mL。

将含游离胺的馏出液每次用10 mL二氯甲烷萃取3次,合并二氯甲烷萃取液,加入无水硫酸钠干燥并塞住瓶口。将干燥后的二氯甲烷溶液分批加入25 mL蒸馏瓶中,先蒸去二氯甲烷。然后改用空气冷凝管蒸馏收集180～190 ℃的馏分,产量5～6 g。塞好瓶口准备进行拆分实验。

纯粹α-苯乙胺的沸点为187.4 ℃。

本实验约需8 h。

五、注意事项

水蒸气蒸馏时,玻璃磨口接头应涂上润滑脂以防接口受碱性溶液作用而被黏住。

游离胺易吸收空气中的二氧化碳形成碳酸盐,故应塞好瓶口隔绝空气保存。

六、思考题

本实验中,还原胺化反应结束后,用水萃取的目的何在?后面的实验中,先后两次用到二氯甲烷萃取的目的是什么?

本实验中,为何要在水蒸气蒸馏前将溶液碱化?如不用水蒸气蒸馏,还可采用什么方法分离出游离胺?

4.5.2 外消旋α-苯乙胺的拆分

一、实验目的

1. 了解手性胺拆分的基本原理。
2. 掌握由拆分盐制备手性胺的实验操作步骤。

二、实验原理

本实验用(+)-酒石酸为拆解剂,它与外消旋 α-苯乙胺形成非对映异构体的盐。其反应式如下:

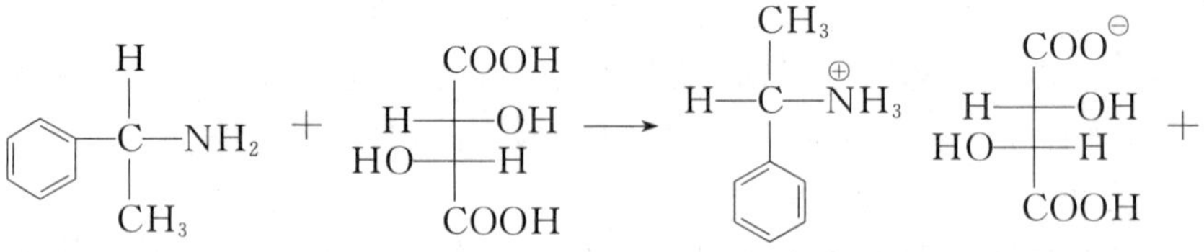

(±)-苯乙胺　　(+)-酒石酸　　(+)-胺-(+)-酒石酸盐

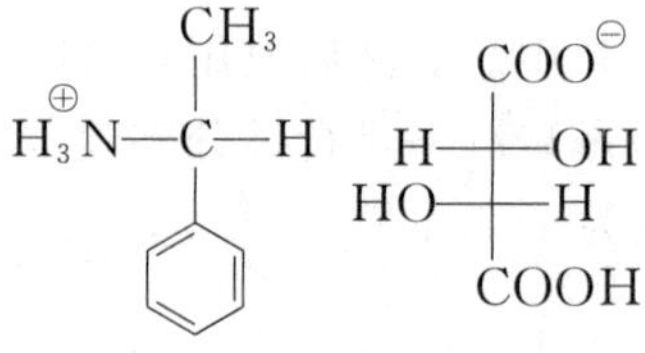

(−)-胺-(+)-酒石酸盐

旋光纯的酒石酸在自然界颇为丰富。由于(−)-胺·(+)-酸非对映体的盐比另一种非对映体的盐在甲醇中的溶解度小,故易从溶液中呈结晶析出,经稀碱处理,(−)-α-苯乙胺游离出来。母液中含有(+)-胺·(+)-酸盐,原则上经提纯后可以得到另一个非对映体的盐,经稀碱处理后得到(+)-胺。本实验只分离对映异构体之一,即左旋异构体,因右旋异构体的分离对学生来说显得困难。

三、原料与试剂

6.3 g(0.041 mol)(+)-酒石酸、5 g(0.041 mol)α-苯乙胺、甲醇、二氯甲烷、50%氢氧化钠。

四、操作步骤

(1)S-(−)-α-苯乙胺的分离

在 250 mL 锥形瓶中,加入 6.3 g(+)-酒石酸和 90 mL 甲醇,水浴加热至接近沸腾(约 60 ℃),搅拌使酒石酸溶解。然后在搅拌下慢慢加入 5 g α-苯乙胺。必须小心操作,以免混合物沸腾或起泡溢出。冷却至室温后,将烧瓶塞住,放置 24 h 以上,应析出白色棱状晶体。假如析出针状结晶,应重新加热并冷却至完全析出棱状晶体。抽气过滤，并用少量冷甲醇洗涤，干燥后得(－)胺·(＋)-酒石酸盐约 4 g。为减小操作难度，可由两个学生将各自的产品合并起来，约为 8 g 盐的晶体。将 8 g(－)胺·(＋)-酒石酸盐置于 250 mL 锥形瓶中，加入 30 mL 水，搅拌使部分结晶溶解，接着加入 5 mL 50％氢氧化钠，搅拌混合物至固体完全溶解。将溶液转入分液漏斗，每次用 15 mL 二氯甲烷萃取两次。合并二氯甲烷萃取液，用无水硫酸钠干燥。水层倒入指定容器中回收(＋)-酒石酸。

将干燥后的二氯甲烷溶液分批转入 25 mL 圆底烧瓶，先蒸去二氯甲烷，然后蒸馏收集 180～190 ℃馏分于一个已称重的锥形瓶中，产量 2～2.5 g，用塞子塞住锥形瓶准备测定比旋光度。

2. 比旋光度的测定

因制备规模的限制，产生的纯胺数量不足以充满旋光管，故必须用甲醇加以稀释。用移液管量取 10 mL 甲醇于盛胺的锥形瓶中，摇振使胺溶解。溶液的总体积非常接近 10 mL 加上胺的体积，或者是后者的质量除以其密度(ρ＝0.9395 g/cm^3)，两个体积的和在本步骤中引起的误差可忽略不计。根据胺的质量和总体积，计算出胺的浓度(单位：g/mL)。将溶液置于 2 cm 的样品管中，测定旋光度及比旋光度，并计算拆分后胺的光学纯度。纯(－)-α-苯乙胺的比旋光度$[\alpha]_D^{20}$＝－39.5。本实验约需 4～6 h。

五、注意事项

1. 必须得到棱状晶体，这是实验成功的关键。如溶液中析出针状晶体，可采取如下步骤：

由于针状晶体易溶解，可加热反应混合物到恰好针状结晶已完全溶解而棱状结晶尚未开始溶解为止，重新放置过夜后分出少量棱状结晶，加热混合物至其余结晶全部溶解，稍冷后用取出的棱状晶体种晶。如析出的针状晶体较多，此方法更为适宜。如有现成的棱状晶体，在放置过夜前接种更好。

2. 蒸馏 α-苯乙胺时，容易起泡，可加入 1～2 滴消泡剂(聚二甲基硅烷 10％的己烷溶液)。

作为一种简化处理，可将干燥后的二氯甲烷溶液直接过滤到一个已事先称重的圆底烧瓶中，先水浴加热尽可能蒸去二氯甲烷，再用水泵抽去残留的溶剂。称量烧瓶即可计算出(－)-α-苯乙胺的质量。此处省去了进一步的蒸馏操作。

六、思考题

本实验中关键步骤是什么？如何控制反应条件才能分离出它的旋光异构体？

4.6 巴比妥的合成

一、实验目的

1. 通过巴比妥的合成了解丙二酰脲缩环合成的一般方法。
2. 掌握无水操作技术。

二、实验原理

巴比妥类药物(barbiturates)为丙二酰脲的衍生物，由丙二酸二乙酯和尿素缩合而成，为长时间作用的催眠药，主要用于神经过度兴奋、狂躁或忧虑引起的失眠。巴比妥化学名为5,5-二乙基巴比妥酸，化学结构式为：

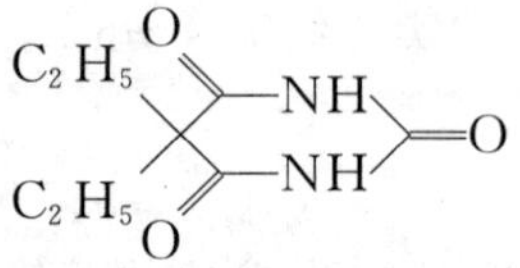

巴比妥为白色结晶或结晶性粉末，无臭，味微苦。熔点为189～192 ℃。难溶于水，易溶于沸水及乙醇，溶于乙醚、三氯甲烷及丙酮。

合成路线如下：

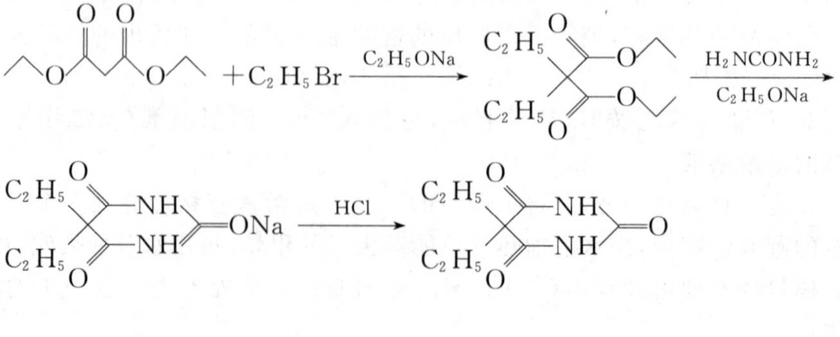

三、药品与仪器

无水乙醇、金属钠、邻苯二甲酸二乙酯、氯化钙、硫酸铜、丙二酸二乙酯、氢氧化钠、溴乙烷、乙醚、无水硫酸钠、尿素、稀盐酸、活性炭、定性滤纸(中速)、圆底烧瓶、三颈烧瓶、球形冷凝器、滴液漏斗、烧杯、玻璃棒、干燥管、抽滤瓶、布氏漏斗、分液漏斗、沙浴仪、锥形瓶、空气冷凝管。

四、实验操作

1. 二乙基丙二酸二乙酯的合成

在装有搅拌器、滴液漏斗及球形冷凝器(顶端附有氯化钙干燥管)的250 mL三颈烧瓶中,加入制备的绝对无水乙醇75 mL,分次加入金属钠6 g,待反应缓慢时,开始搅拌,用油浴加热(油浴温度不超过90 ℃),金属钠消失后,从滴液漏斗加入丙二酸二乙酯18 mL,10～15 min内加完,然后回流15 min,当油温度降到50 ℃以下时,慢慢滴加溴乙烷20 mL,约15 min加完,然后继续回流2.5 h。将回流装置改为蒸馏装置,蒸去乙醇(但不要蒸干),放冷,药渣用40～45 mL水溶解,转到分液漏斗中,分取酯层,水层以乙醚提取3次(每次用乙醚20 mL),合并酯与乙醚提取液,再用20 mL水洗涤,乙醚液倾入125 mL锥形瓶内,加无水硫酸钠5 g,放置。

将上一步制得的二乙基丙二酸二乙酯乙醚液过滤,滤液蒸去乙醚。瓶内剩余溶液用装有空气冷凝管的蒸馏装置于沙浴仪上蒸馏,收集218～222 ℃馏分(用预先称量的50 mL锥形瓶接收),称重,计算收率,密封储存。

2. 巴比妥的合成

在装有搅拌器、球形冷凝器(顶端附有氯化钙的干燥管)及温度计的250 mL三颈烧瓶中加入无水乙醇50 mL,分次加入金属钠2.6 g,待反应缓慢时,开始搅拌,金属钠消失后,加入二乙基丙二酸二乙酯10 g、尿素4.4 g,加完后,随即使反应器内温度升至80～82 ℃,停止搅拌,保温反应80 min(反应正常时,停止搅拌5～10 min后,料液中有小气泡逸出,并逐渐呈微沸状态,有时较激烈)。反应完毕,将回流装置改为蒸馏装置。在搅拌下慢慢蒸去乙醇,至常压不易蒸出时,再减压蒸馏至全部蒸出。将残渣用80 mL水溶解,倾入盛有18 mL稀盐酸($V_{盐酸}:V_{水}=1:1$)的250 mL烧杯中,调节pH值至3～4,析出结晶,抽滤,得粗品。粗品称重,置于150 mL锥形瓶中,用水加热使其溶解,加入活性炭少许,脱色15 min,趁热抽滤,滤液冷却至室温,析出白色结晶,抽滤,水洗，烘干，测熔点，计算收率。

五、结构指认

1. 标准物 TLC 对照法。
2. 红外吸收光谱法。
3. 核磁共振光谱法。

六、注意事项

1. 绝对无水乙醇的制备：在装有球形冷凝器（顶端附有氯化钙干燥管）的 250 mL 圆底烧瓶中加入无水乙醇 180 mL，金属钠 2 g，加几粒沸石，加热回流 30 min，加入邻苯二甲酸二乙酯 6 mL，再回流 10 min，将回流装置改为蒸馏装置，蒸去前馏分，用干燥圆底烧瓶作为接收器，蒸馏至几乎无液滴流出为止。测量其体积，计算回收率，密封储存。

检验乙醇是否有水分，常用的方法：取一支干燥试管，加入制得的绝对无水乙醇 1 mL，随即加入少量无水硫酸铜粉末。如乙醇中含水分，则无水硫酸铜变为蓝色硫酸铜。

2. 制备绝对无水乙醇所用的无水乙醇的水分不能超过 0.5%，否则反应相当困难。

3. 本实验中所用仪器均需彻底干燥，由于无水乙醇有很强的吸水性，故操作及存放时，必须防止带入水分。

4. 取用金属钠需用镊子，先用滤纸吸去黏附的油，用小刀切去表面的氧化层，再切成小条。切下来的钠屑应放回原瓶中，切勿与滤纸一起投入废物缸内，并严禁金属钠与水接触，以免引起燃烧爆炸事故。

5. 加入邻苯二甲酸二乙酯的目的是利用它和氢氧化钠进行如下反应：

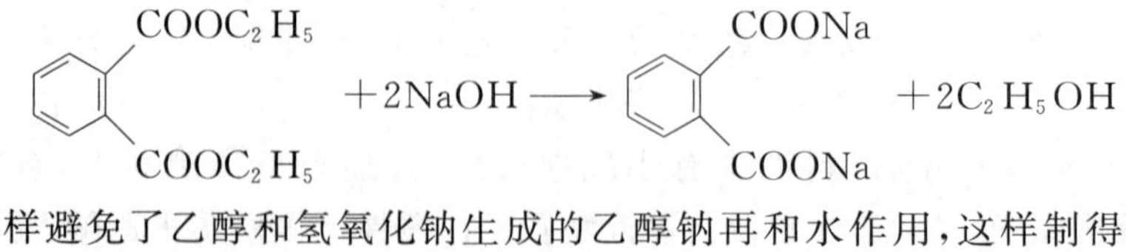

这样避免了乙醇和氢氧化钠生成的乙醇钠再和水作用，这样制得的乙醇可达到极高的纯度。

6. 溴乙烷的用量也要随室温改变，当室温为 30 ℃左右时，应加 28 mL 溴乙烷，滴加溴乙烷的时间应适当延长；若室温在 30 ℃以下，可按本实验投料。

7. 等到反应器内的温度降到 50 ℃以下，再慢慢滴加溴乙烷，以避免溴乙烷挥发及发生如下副反应：

$$C_2H_5ONa + C_2H_5Br \longrightarrow C_2H_5OC_2H_5 + NaBr$$

8. 沙浴传热慢，因此沙要铺得薄一些。

9. 尿素需在 60 ℃干燥 4 h。

10. 蒸乙醇不宜快，至少需要 80 min 反应才能顺利进行。

七、思考题

1. 制备无水试剂时应注意什么？为什么在加热回流和蒸馏时冷凝管的顶端和接收器支管上要装氯化钙干燥管？

2. 固体产物常用何种方法精制？液体产物又如何精制？

3. 本实验用水洗涤提取液的目的是什么？

4.7 阿司匹林合成、胶囊制备及溶出度测定

药物的有效性不仅取决于药物的有效成分及药物的化学结构，口服固体制剂的溶出度也是影响人体生物利用度的一个重要因素，两者有着明显的相关性，特别是难溶性药物，如乙酰水杨酸，由于颗粒大小或加入赋形剂不同，尽管口服剂量相同，疗效却存在很大差异。难溶性药物制剂是药典规定需要进行溶出度测定的药物类型之一，由于药物的生物利用度实验操作过程较溶出度实验复杂，因此，在实际工作中，对于具有良好体内外相关性的药物，可通过测定体外溶出度来预测难溶性药物的体内生物利用度，进而筛选制剂处方和控制其质量。

乙酰水杨酸也叫阿司匹林，是一种历史悠久的解热镇痛药，用于治感冒、发热、头痛、牙痛、关节痛、风湿病，还能抑制血小板聚集，用于预防和治疗缺血性心脏病、心绞痛、心肺梗死、脑血栓形成，也可提高植物的出芽率，应用于血管形成术及旁路移植术也有效。乙酰水杨酸微溶于水，属难溶性药物，其溶出度是重要的质量控制指标，2010 年版药典规定溶出度不得小于标示量的 80%。

对难溶性药物(溶解度小于 0.1～1 mg)而言，溶解是其主要过程，崩解时限往往不能作为判断难溶性药物制剂的吸收指标。因此，对口服固体制剂，尤其是在体内吸收不良的难溶性药物的固体制剂、缓控释制剂，以及治疗量与中毒量接近的药物固体制剂，均应进行溶出度测定。《中国药典》和许多国家药

典对口服固体制剂的溶出度及其测定方法都有明确的规定。

溶出度指药物从片剂或胶囊剂等固体制剂中在规定溶剂中溶出的速度和程度。口服固体制剂在胃肠液中需经崩解和溶解过程才能被机体吸收,对许多药物而言,其吸收量通常与该药物从剂型中溶出的量成正比,即溶出的药物量愈大,吸收的药量就愈大,药效就愈强。

4.7.1 阿司匹林的合成

一、实验目的

1. 根据提供的原料,设计阿司匹林的合成路线。
2. 通过水杨酸的乙酰化反应过程掌握阿司匹林的合成方法,完成产品的结晶、精制。

二、主要仪器和主要试剂(表 4-5、表 4-6)

表 4-5 主要仪器

仪器	规格或型号	数量
三口烧瓶	100 mL	1 只
量筒		1 只
抽滤瓶		1 只
布氏漏斗		1 只
电热套		1 台

表 4-6 主要试剂

试药	规格
水杨酸	药用或 CP
酸酐	CP
浓硫酸	CP
无水乙醇	CP

三、操作步骤

1. 乙酰水杨酸的制备。
2. 精制。

注：具体操作步骤由学生自行设计。

四、注意事项

1. 乙酰化反应所用仪器、量具等必须干燥。
2. 乙酰化反应温度不宜过高，反应时间不宜过长，否则将增加副产物的生成量。
3. 阿司匹林受热易分解，可生成复杂物质使熔点下降。因此，将传温液预热至130 ℃后需立即放入样品，迅速测定熔点。
4. 可用TLC法对产品进行分析，展开剂：石油醚∶乙酸乙酯∶乙酸＝11∶1∶1（体积比）。

五、思考题

1. 本实验中乙酰化反应仪器为什么需要干燥？
2. 试解释浓硫酸在反应中的作用机理。
3. 实验中能否用铁制仪器？分析本实验过程中可能产生的杂质有哪些，可用什么方法除去。
4. 重结晶为什么选用乙醇-水为溶剂？在精制过程中为什么滤液要自然冷却？快速冷却会出现什么现象？

4.7.2 阿司匹林肠溶胶囊制备及溶出度测定

一、实验原理

胶囊剂是指药物或加有辅料充填于空心胶囊或密封于软质囊材中制成的固体制剂，主要供口服用，也可用于直肠、阴道等。空胶囊的主要材料为明胶，也可添加甲基纤维素、海藻酸盐类、聚乙烯醇、变性明胶及其他高分子化合物，以改变胶囊的溶解性或达到肠溶的目的。根据胶囊剂的硬度与溶解和释放特性，胶囊剂可分为硬胶囊与软胶囊、肠溶胶囊和缓释胶囊。硬胶囊剂的一般制备工艺流程为：

1. 空胶囊与内容物准备

空胶囊分上下两节，分别称为囊帽与囊体。空胶囊根据有无颜色，分为无色透明、有色透明与不透明三种类型;根据锁扣类型,分为普通型与锁口型两类;根据大小,分为000、00、0、1、2、3、4、5号八种规格,其中000号最大,5号最小,常用的为0号规格。内容物可根据药物性质和临床需要制备成不同形式,主要有粉末、颗粒和微丸三种形式。

2. 充填空胶囊

大量生产时可用全自动胶囊充填机充填药物,充填好的药物使用胶囊抛光机清除吸附在胶囊外壁上的细粉,使胶囊光洁。

少量试制可用胶囊充填板或手工充填药物,充填好的胶囊用洁净的纱布包起,轻轻搓滚,使胶囊光亮。

3. 质量检查

充填的胶囊进行含量测定、崩解时限、装量差异、水分、微生物限度等项目的检查。胶囊剂的装量差异检查方法:取供试品20粒,分别精确称定质量后,倒出内容物,硬胶囊用小刷或其他适宜的用具拭净;再分别精确称定囊壳质量,求出每粒内容物的装量与平均装量。按规定,超出装量差异限度的不得多于2粒,并不得有1粒超出限度1倍。见表4-7。

表4-7　胶囊剂装量差异限度

平均装量	装量差异限度
＜0.3 g	±10%
≥0.3 g	±7.5%

质量检查合格后,定量分装于适当的洁净容器中,加贴符合要求的标签。

二、实验目的

制备阿司匹林肠溶胶囊,测定其溶出度。

三、实验仪器

天平、方瓷盘、研钵、不锈钢筛(14～16目)、烘箱、空胶囊、胶囊灌装器、天平、洁净的纱布、刀、指套、称量纸、药匙、圆口PE药用瓶子。

四、实验试剂

阿司匹林、淀粉、糊精、蔗糖粉、滑石粉。

五、实验方法

1. 阿司匹林肠溶胶囊的制备

板装法：将胶囊体插入胶囊板中，将药粉置于胶囊板上，轻轻敲动胶囊板，使药粉落入胶囊壳中，至全部胶囊壳中都装满药粉后，套上胶囊帽。

装量差异检查：①先将20粒胶囊分别精确称定质量；②将内容物完全倒出，再分别精确称定囊壳质量；③求出每粒内容物的装量与平均装量；④将每粒装量与平均装量进行比较，超出装量差异限度的不得多于2粒，并不得有1粒超出装量差异限度的1倍。

2. 溶出度测定

溶出度测定方法有转篮法和紫外-可见分光光度法两种（本实验采取转篮法测定），介绍如下：

(1) 转篮法

① 转篮分篮体与篮轴两部分，均由不锈钢金属材料制成。篮体由不锈钢丝网焊接而成，呈圆柱形，篮轴的末端连一个金属片，作为转篮的盖；盖上有通气孔（孔径2.0 mm），盖边为两层，上层外径与转篮外径相同，下层直径与转篮内径相同；盖上的三个弹簧片与中心成120°角。转篮旋转时摆动幅度不得超过±1.0 mm。

② 操作容器为1000 mL的圆底烧杯，烧杯上有一个有机玻璃盖，盖上有两个孔，中心孔为篮轴的位置，另一孔供取样或测温度用。为使操作容器保持恒温，应外套水浴；水浴的温度应能使容器内溶剂的温度保持在(37±0.5) ℃。转篮底部离烧杯底部的距离为(25±2) mm。

③ 电动机与篮轴相连，转速可调节至50～200 r/min，稳速误差不超过±4%。运转时整套装置应保持平稳，不得晃动或振动。

④ 仪器应装有6套操作装置，可一次测定6份供试品。取样点位置应在转篮上端离烧杯壁10 mm处。

(2) 紫外-可见分光光度法

配制供试品溶液，在规定的波长处测定其吸光度，再以该品种在规定条件下的吸收系数计算含量。

本实验中按《中国药典》(2010年版)采用转篮法测定溶出度，溶出介质为稀盐酸（取盐酸24 mL稀释成1000 mL），转速为100 r/min，温度为(37±0.5) ℃，分别经5 min、15 min、30 min、45 min、60 min时取溶液10 mL过滤，每次取样后加溶出空白介质10 mL，精确量取续滤液3 mL后置于50 mL容量瓶中，加

0.4% NaOH 液 5 mL,水浴煮沸 5 min,放冷,加稀 H_2SO_4 2.5 mL,并用蒸馏水补至刻度,摇匀。空白对照液的配制:取蒸馏水 3 mL,其余操作同样品液处理。在 303 nm 处测定吸光度,按 $C_7H_6O_3$ 吸收系数为 265 计算,再乘以 1.304,计算每粒样品的溶出量,限度 Q 为标示量的 80%,应符合规定。

计算公式为:

$$\text{溶出量}=\frac{A}{E}\times\frac{1}{100}\times 50\times 1.304\times\frac{1000}{3}$$

$$\text{溶出百分率}=\frac{\text{溶出量}}{\text{标示量}}\times 100\%$$

式中 A——吸光度;

E——百分吸收系数,其物理意义是当溶液浓度为 1%,液层厚度为 1 cm 时的吸光度数值。

六、实验结果(表 4-8、表 4-9)

表 4-8 阿司匹林胶囊中乙酰水杨酸吸光度值

胶囊号	胶囊质量/g	吸光度 A				
		5 min	15 min	30 min	45 min	60 min
1						
2						
3						

表 4-9 阿司匹林胶囊中乙酰水杨酸溶出度测定数据

胶囊号	胶囊质量/g	吸光度 A				
		5 min	15 min	30 min	45 min	60 min
1						
2						
3						
平均胶囊质量/g						
平均溶出量/g						
结论						

七、讨论

溶出度实验是区分药物固体制剂体外溶出速率的一种有效手段，它的应用指导了新药的研究，增加了药物的检查项目，客观地评价了固体制剂，提高了制剂质量。溶出度的研究和应用不断提高了药物研制水平，强化了药品质量控制手段，在药物研制、生产和指导临床用药方面具有重要意义。随着科学发展，检测仪器和检测手段不断更新，溶出度测定品种不断增加。目前，随着生物药剂学的发展，体外溶出度测定越来越引起人们的重视，而且在许多领域中得到应用，对控制制剂的质量、优化制剂工艺、合理选择剂型及新制剂研究方面起到了很好的作用。

5　天然药物化学实验

5.1　TLC铺板、干燥、活化、色谱用硅胶柱的填装

5.1.1　硅胶薄层色谱板的制备、干燥和活化

薄层色谱中的吸附剂是铺在玻璃、塑料或金属片或薄板上的较薄的、均匀的一层细粉状物质，因支持剂的种类、制备方法和选用溶剂的不同，可采用吸附、分配或二者结合的方式达到分离化合物的目的。可以通过比较斑点的 R_f 值，或将未知样品与对照品在同一板上展开至同样高度，对样品进行初步鉴定，或通过比较可见斑点的大小进行半定量的判断，还可以通过光密度测量法实现定量测定。

薄层层析(TLC)中涂布的物质与柱色谱用的吸附剂非常相似，如硅胶、氧化铝、聚酰胺等，只是它们的颗粒更细一些，直径一般为 5～40 μm。有些还含有石膏、淀粉等黏合剂以增强涂层与薄板的黏合力。有时，里面还含有荧光指示剂(如硅酸锌等)，在 254 nm 或 365 nm 的紫外光下能显示荧光，可借此对分离的斑点进行检测。到目前为止，硅胶是最常用的薄层色谱吸附剂。

在涂布吸附剂时，用于排列和放置薄板的排列盘和具有平整表面的薄板是必需的。而涂布器也很常用，当它从玻璃板上移过时，会在板的表面均匀铺上所需厚度的吸附剂涂层。

一、实验目的

掌握硅胶薄层色谱板的制备方法。

二、仪器和试剂

1. 玻璃板(5 cm×10 cm 或 10 cm×20 cm，洁净且干燥)。
2. 薄层色谱用硅胶。
3. 0.4%羧甲基纤维素钠水溶液。

三、实验步骤

1. 把玻璃板在排列盘中依次放好，置涂布器于其中一端。

2. 在具塞锥形瓶中把一份硅胶 G 和 2～3 份 CMC-Na 溶液混合，并用力振摇 30 s。

3. 把混好的糊倒入涂布器中，均匀地移动涂布器至排列盘的另一端后，移开涂布器。

4. 把铺好的板静置 5 min，然后把它们面朝上移至一个水平的平面上，阴干。

5. 把阴干后的板在 105 ℃的烘箱中烘 30 min。

6. 待板冷却至室温后，置干燥器中保存。

5.1.2　色谱用硅胶柱的填装

液相柱色谱可以是液-固色谱或液-液色谱。如果固定相是吸附剂，则称为液相吸附色谱，若为离子交换物质，就称为离子交换色谱；若为非离子的聚合物，如聚苯乙烯或 hadex，则称为凝胶渗透色谱、凝胶过滤色谱或分子排阻色谱。在柱中或纸上的液-液分配色谱可以进一步分为正相分配色谱(极性固定液)和反相分配色谱(固定相非极性)。

对于液相吸附色谱来说，固定相是填入柱中的表面活性固体(如氧化铝、硅胶和活性炭等)，流动相由一种或几种有机溶剂混合组成。混合物中的不同组分由于与固定相吸附程度不同而得以分离。被弱吸附的物质移动得快而被强吸附的物质移动受到阻滞。与吸附力相关的分子间作用因表面吸附剂、被吸附物质和溶剂的性质(极性)不同可有多种形式。硅胶和氧化铝是目前最常用的液相吸附色谱的吸附剂。吸附柱包谱中常用的填充方法有湿法填充和干法填充。

一、实验目的

掌握硅胶色谱柱的填充方法。

二、仪器和试剂

1. 色谱用玻璃柱。

2. 层析用硅胶。

三、实验步骤

1. 将一小团玻璃丝或脱脂棉放于柱底部使形成一个较松的垫层。
2. 一边轻敲柱子的外侧，一边将硅胶慢慢倒入柱子中。
3. 打开活塞，让一种非极性的烃类溶剂流过柱体，直至整个柱床全部被润湿。关闭活塞备用。

四、思考题

1. 为何在铺板之前，色谱用的玻璃板要洁净并干燥？
2. 为何铺好的 TLC 板在使用前要在烘箱中干燥？
3. 实验过程中应尽量避免使流动相液面低于色谱柱中吸附剂的上端，为什么？

5.2　天然药物化学成分预实验

天然药物中含有多种化学成分，在深入研究之前应首先了解其中有哪些类型的化学成分。利用各类成分的颜色反应和沉淀反应，对天然药物的提取液进行检查可以初步判断其中的化学成分。由于提取液的颜色通常较深，影响对颜色变化的观察，可以使用 TLC 或 PC（纸层析）等方法对天然药物的提取液进行初步分离，再做进一步检查。

一、实验目的

掌握未知成分天然药物的初步提取和分离，熟悉各主要成分的试管实验、沉淀反应和纸层析、薄层层析的方法并根据实验结果判断含有什么类型的化学成分。

二、仪器和试剂

利用不同成分在各种溶剂中溶解度的不同，一般可采用以下 3 种溶剂分别提取，进行实验。

1. 水浸液

取中药粗粉 5 g，加水 60 mL，水浴（50～60 ℃）加热 1 h，过滤，对滤液成分进行检查(表 5-1)。

表 5-1　滤液成分检查

糖	1. 酚醛缩合反应
	2. 菲林试剂
有机酸	1. pH 试纸反应
	2. 溴甲酚蓝试剂
酚类	1%$FeCl_3$试剂
鞣质	1. 1%$FeCl_3$试剂
	2. 明胶试剂
氨基酸	茚三酮试剂
蛋白质	双缩脲反应
苷类或多糖	1. 酚醛缩合反应
	2. 加 6 mol HCl 酸化,加热煮沸数分钟,冷后观察有无絮状沉淀
	3. 菲林试验
皂苷	泡沫试验
生物碱	1. 碘化铋钾试剂
	2. 硅钨酸试剂

在试管中反应,在滤纸或硅胶 CMC-Na 薄层板上进行实验(以下相同)。

2. 乙醇提取液

取中药粗粉 10 g,加 5～12 倍的 95%乙醇,水浴加热回流 1 h,过滤,滤液留 2 mL 做实验一(见表 5-2),其余浓缩成浸膏。浸膏分为两部分,一部分加少量 2%HCl 过滤。分出酸液,做实验二(见表 5-3),附于滤纸上的残渣再加少量乙醇溶解,做实验三(见表 5-4);另一部分浸膏以少量的乙酸乙酯溶解,溶液置于分液漏斗中,加适量 5% NaOH 振摇,使酚性物及有机酸等转入下层氢氧化钠水溶液中,剩下的乙酸乙酯为中性部分,用蒸馏水洗至中性即可备用,取乙酸乙酯液 2～3 mL,水浴蒸干,以 1～2 mL 乙醇溶解做实验四(见表 5-5)。

表 5-2 实验一

检查项目	酚类	鞣质	有机酸
试剂名称	1% $FeCl_3$ 试剂	1% $FeCl_3$ 试剂	溴甲酚蓝试剂
结果			

表 5-3 实验二

检查项目	生物碱
试剂名称	1. 碘化铋钾试剂
	2. 硅钨酸试剂
	3. 鞣酸试剂
	4. 苦味酸试剂
结果	

表 5-4 实验三

检查项目	黄酮	蒽醌
试剂名称/反应	1. 1% $FeCl_3$ 试剂	1. 10%KOH
	2. 盐酸-镁粉反应	2. 0.5% $Mg(Ac)_2$
		3. 氨熏
结果		

表 5-5 实验四

检查项目	香豆素与萜类内酯	强心苷
试剂名称/反应	1. 开环与闭环反应	1. Kedde 试剂
	2. 氨基安替比林-铁氰化钾呈色反应	2. 三氯乙酸试剂
	3. 羟胺反应	3. 苦味酸试剂
结果		

3. 石油醚提取液

取中药粗粉 1 g，加 10 mL 石油醚（沸程 60～90 ℃），放置 2～3 h，过滤，滤液置表面皿上挥发，对残留物进行下列实验（表 5-6）。

表 5-6 石油醚提取液中成分检查

检查项目	甾体或三萜类	挥发物和油脂
实验方法	1. 醋酐-浓硫酸实验	将石油醚滴于滤纸上，观察有无油斑并在加热后能否挥发
	2. 25%钼磷酸试剂	加热能否挥发
结果		

4. 氰苷的检查

取中药粗粉 0.2 g，置于试管中，加入 3～5 mL 5%硫酸溶液，摇匀混合，在试管口置一条浸过苦味酸钠盐的滤纸条，然后塞紧试管口（滤纸不要接触溶液），将试管于沸水浴加热十几分钟，如纸条显红色表示有氰苷。

可根据具体对象适当调整展开剂的比例（表 5-7）。

表 5-7 各类化学成分的展开剂

化合物类别	色谱种类	展开条件	检出试剂
酚类化合物	硅胶-TLC	氯仿-丙酮（8∶2）	1%三氯化铁乙醇液
有机酸	硅胶-TLC	氯仿-丙酮-甲醇-乙酸（7∶2∶1.5∶0.5）	溴甲酚蓝
氨基酸	PC	正丁醇-乙酸-水（4∶1∶5 上层）	茚三酮
生物碱	硅胶-TLC	氯仿-甲醇（9∶1）氨熏	碘化铋钾
强心苷	PC 滑石粉-LC（甲酰胺为固定相）	氯仿-丙酮-甲醇-甲酰胺（8∶2∶0.5∶0.5）	呫吨氢醇
甾体三萜	硅胶-TLC	氯仿-丙酮（8∶2）	硫酸-醋酐 5%硫酸乙醇
蒽醌	硅胶-TLC	环己烷-乙酸乙酯（7∶3）	氨熏
挥发油	硅胶-TLC	石油醚；石油醚-乙酸乙酯（85∶15）	香草醛-浓硫酸
香豆素	硅胶-TLC	正丁醇-乙酸-水（4∶1∶1）	用 5% KOH 甲醇液喷后紫外灯下看荧光
黄酮苷及苷元	PC	乙酸-水（15∶85） 正丁醇-乙酸-水（4∶1∶1）	三氯化铝
糖	PC	正丁醇-乙酸-水（4∶1∶1） 乙酸乙酯-吡啶-水（2∶1∶2）	苯胺邻苯二甲酸试剂

三、主要试剂及配制方法

1. 生物碱沉淀试剂

(1) 碘化铋钾(Dragendoff)试剂

取次硝铋钾 8 g 溶于 17 mL 30%硝酸(密度 1.18 g/cm^3)中,边搅拌边慢慢加碘化钾水溶液(27 g 碘化钾溶于 20 mL 水),静置一夜,取上层清液,加蒸馏水稀释至 100 mL。

(2) 碘化汞钾(Mayer)试剂

氯化汞 1.36 g 和碘化钾 5 g 各溶于 20 mL 水中,混合后加水稀释至 100 mL。

(3) 碘-碘化钾(Wagner)试剂

1 g 碘和 10 g 碘化钾溶于 50 mL 水中,加热后加 2 mL 醋酸,再用水稀释至 100 mL。

(4) 硅钨酸试剂

5 g 硅钨酸溶于 100 mL 水中,加盐酸少量至 pH 值为 2 左右。

(5) 苦味酸试剂

1 g 苦味酸溶于 100 mL 水中。

(6) 鞣酸试剂

鞣酸 1g 加乙醇 1 mL 溶解后再加水至 10 mL。

(7) 硫酸铈-硫酸试剂

0.1 g 硫酸铈混悬于 4 mL 水中,加入 1 g 三氯醋酸,加热至沸腾,逐滴加入浓硫酸至澄清。

2. 苷类检出试剂

(1) 糖的检出试剂

① 碱性酒石酸铜(Fehling)试剂

本品分甲液与乙液,应用时等量混合。

甲液:结晶硫酸铜 6.23 g,加水至 100 mL。

乙液:酒石酸钾钠 34.6 g 及氢氧化钠 10 g,加水至 100 mL。

② α-苯萘酚(Molish)试剂

甲液:α-苯萘酚 1 g,加 75%乙醇至 10 mL。

乙液:浓硫酸。

③ 氨性硝酸银试剂

硝酸银 1 g，加水 20 mL 溶解，注意滴加适量的氨水，边加边搅拌，至开始产生的沉淀将近全溶为止，过滤。

(2) α-苯去氧糖显色试剂

① 三氯化铁冰醋酸(Keller-Killiani)试剂

甲液：1%三氯化铁溶液 0.5 mL，加冰醋酸至 100 mL。

乙液：浓硫酸。

② 呫吨氢醇冰醋酸(Xanthydrol)试剂

将呫吨氢醇溶于 100 mL 冰醋酸(含 1%的盐酸)中。

3. 酚类检出试剂

(1) 三氯化铁试剂

5%三氯化铁的水溶液或醇溶液。

(2) 三氯化铁-铁氰化钾试剂

应用时甲液、乙液等体积混合。

甲液：三氯化铁 2 g 溶于 100 mL 水中。

乙液：铁氰化钾 1 g 溶于 100 mL 水中。

(3) 4-氨基安替比林-铁氰化钾(Emersen)试剂

甲液：4-氨基安替比林 2 g 溶于 100 mL 乙醇中。

乙液：铁氰化钾 8 g 溶于 100 mL 水中。

(4) 重氮化试剂

甲液：对硝基苯胺 0.35 g，溶于浓盐酸 5 mL 中，加水至 50 mL。

乙液：亚硝酸钠 5 g，加水至 50 mL。

应用时取甲、乙液等量在冰水浴中混合后，方可使用。(本试剂宜临用时配制。)

(5) Gibbs 试剂

甲液：2,6-二氯苯醌氯亚胺 0.5 g 溶于 100 mL 的乙醇中。

乙液：硼酸-氯化钾-氢氧化钾缓冲液(pH=9.4)。

4. 内酯、香豆素类检出试剂

(1) 羟胺试剂

甲液：新鲜配制的 1 mol/L 羟胺盐酸盐(M=69.5)的甲醇液。

乙液：1.1 mol/L 氢氧化钾(M=56.1)的甲醇液。

丙液：三氯化铁溶于1%的盐酸溶液。

甲、乙液混合后再加丙液。

(2) 4-氨基安替比林-铁氰化钾(Emersen)试剂。

(3) 重氮化试剂。

(4) 开环-闭环试剂

甲液：1%氢氧化钠溶液。

乙液：2%盐酸溶液。

5. 黄酮类检出试剂

(1) 盐酸镁粉试剂：浓盐酸和镁粉。

(2) 三氯化铝试剂：三氯化铝 2 g 溶于 100 mL 甲醇中。

(3) 醋酸镁试剂：醋酸镁 1 g 溶于 100 mL 甲醇中。

(4) 碱式醋酸铅试剂。

取一氧化铅 14 g，加水 10 mL，研磨成糊状，用水 10 mL 洗入玻璃瓶中。加含 22 g 醋酸铅的水溶液 70 mL，用力振摇 5 min 后，放置 7 d，过滤，加新沸过的冷水至 100 mL。

6. 蒽醌类检出试剂

(1) 氢氧化钾试剂：氢氧化钾 10 g 溶于 100 mL 水中。

(2) 醋酸镁试剂：醋酸镁 10 g 溶于 100 mL 甲醇中。

(3) 1%硼酸试剂：硼酸 1 g 溶于 100 mL 水中。

(4) 浓硫酸试剂：浓硫酸。

(5) 碱式醋酸铅试剂。

7. 强心苷类检出试剂

(1) 3,5-二硝基苯甲酸(Kedde)试剂

甲液：2%3,5-二硝基苯甲酸甲醇液。

乙液：1 mol/L 氢氧化钾甲醇溶液。应用前甲、乙两液等量混合。

(2) 碱性苦味酸(Baljet)试剂

甲液：1%苦味酸水溶液。

乙液：10%氢氧化钠溶液。

(3) 亚硝基铁氰化钠-氢氧化钠(Legal)试剂

甲液：吡啶。

乙液：0.5%亚硝基铁氰化钠溶液。

丙液：10%氢氧化钠溶液。

8. 皂苷类检出试剂

(1) 醋酐-浓硫酸(Liebermann-Berchard)试剂

甲液:醋酐。

乙液:浓硫酸。

(2) 浓硫酸试剂

浓硫酸。

(3) 氰苷类

苦味酸钠试剂:适当大小的滤纸条,浸入苦味酸的饱和水溶液,浸透后取出晾干,再浸入10%碳酸钠水溶液中,迅速取出晾干即得。

9. 萜类、甾体类检出试剂

(1) 香草醛-浓硫酸试剂:0.5 g香草醛溶于100 mL硫酸-乙醇(4∶1)中。

(2) 三氯化锑(Carr-Price)试剂:25 g三氯化锑溶于75 g氯仿中。

(3) 间二硝基苯试剂

甲液:2%间二硝基苯乙醇液。

乙液:14%氢氧化钾甲醇液。

用前甲、乙两液等量混合。

10. 鞣质类检出试剂

(1) 三氯化铁试剂:5 g三氯化铁溶于水或乙醇中制成100 mL溶液。

(2) 三氯化铁-铁氰化钾试剂。

(3) 4-氨基安替比林-铁氰化钾试剂

甲液:2 g 4-氨基安替比林溶于100 mL乙醇中。

乙液:8 g铁氰化钾溶于100 mL乙醇中。10 g氯化钠,1 g明胶,加水至100 mL。

11. 氨基酸多肽、蛋白质检出试剂

(1) 双缩脲(Biuret)试剂。甲液:1%硫酸铜溶液。乙液:40%氢氧化钠液。用前甲、乙两液等量混合。

(2) 茚三酮试剂:0.2 g茚三酮溶于100 mL乙醇。

(3) 鞣酸试剂。

12. 有机酸检出试剂

溴麝香草酚蓝试剂:0.1 g溴麝香草酚蓝溶于100 mL乙醇。

四、思考题

根据实验结果,写出样品中所含的化学成分类型。

5.3 芦丁和槲皮素的提取、分离和结构鉴定

芦丁也称芸香苷，广泛存在于植物界，其中在槐花米和荞麦叶中含量较高，可作为提取芦丁的原料。槲皮素即芸香苷苷元，可经芦丁水解制得。槐花米系豆科植物的花蕾，为中药止血药。槐花米的主要成分芸香苷有减小毛细血管通透性的作用，临床上主要为防治高血压的辅助治疗药物。此外，芦丁对于放射线伤害引起的出血症亦有一定的作用。

1. 芦丁

本品为淡黄色细小针状结晶，含3个结晶水，熔点177～178 ℃。芦丁溶于热水(1∶200)，难溶于冷水(1∶8000)；溶于热甲醇(1∶7)、冷甲醇(1∶100)，热乙醇(1∶30)、冷乙醇(1∶300)，难溶于醋酸乙酯、丙酮，不溶于苯、氯仿、乙醚及石油醚等溶剂；易溶于碱液中呈黄色，酸化后又析出。

2. 槲皮素

槲皮素为黄色结晶，熔点为313～314 ℃。槲皮素溶于热乙醇(1∶23)、冷乙醇(1∶300)，可溶于冰醋酸、醋酸乙酯、丙酮等溶剂，不溶于石油醚、苯、乙醚、氯仿和水。

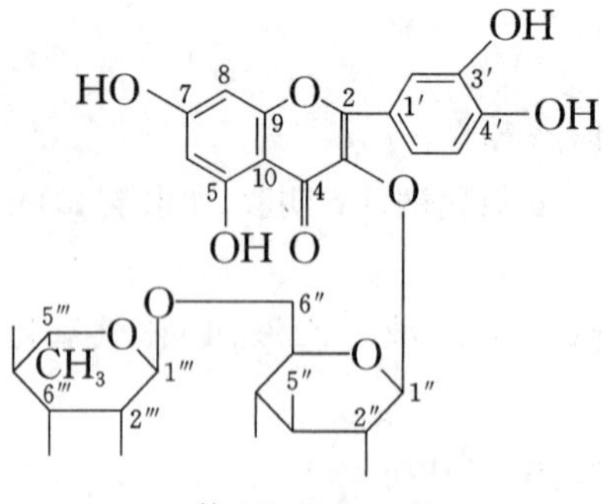

芦丁（Rutin）

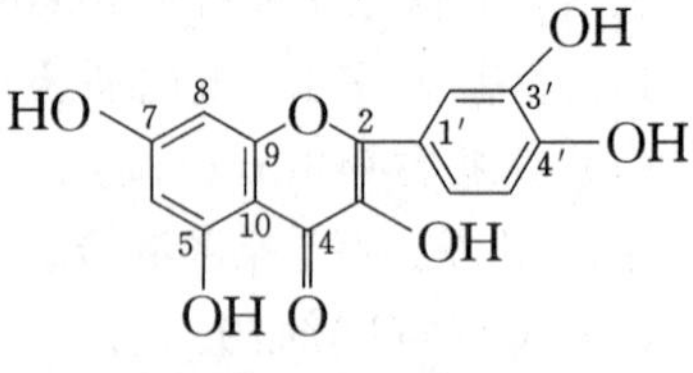

槲皮素（Quercetin）

一、实验目的

1. 以芦丁为实例学习黄酮类成分的提取和分离方法。
2. 掌握黄酮类成分的主要性质及黄酮苷、苷元和糖的鉴定方法。

二、主要仪器及试剂

1. 仪器

(1) 烧杯(100 mL,500 mL);

(2) 圆底烧瓶(100 mL,150 mL);

(3) 冷凝管;

(4) 抽滤瓶;

(5) 循环水泵;

(6) 紫外灯。

2. 试剂

(1) 0.4%硼砂水;

(2) 石灰乳;

(3) 乙醇、甲醇等;

(4) 2%硫酸、盐酸;

(5) 氢氧化钡;

(6) 三氯化铝;

(7) 正丁醇∶醋酸∶水=4∶1∶5或4∶1∶1;

(8) 25%醋酸、85%醋酸、氨水;

(9) 乙醇∶水(7∶3);

(10) 标准品:芦丁、槲皮素、葡萄糖、鼠李糖。

三、实验内容

1. 从槐花米中提取芦丁

(1) 提取方法

取槐花米20 g,置于100 mL烧杯中,加0.4%硼砂水的沸腾溶液400 mL,pH=6～7,边搅拌边用石灰乳调至pH=8,加热保持微沸30 min,补充失去的水分,并保持pH=8,静置5～10 min,倾出上清液,用纱布过滤。重复提取一次,合并滤液,将滤液用盐酸调至pH=5左右,再加8滴氯仿,放置过夜,抽滤,水洗3～4次,置于空气中自然干燥得粗芦丁。

(2) 芦丁的重结晶

取粗芦丁2 g,加乙醇50～60 mL加热溶解,趁热抽滤,将滤液浓缩至20～30 mL,放置,析出结晶,母液再浓缩一半,又析出结晶。合并结晶,再用乙醇重结晶一次。

(3) 芦丁的水解

取芦丁 1 g,加 2% H_2SO_4,小火加热微沸回流 30 min 至 1 h。开始 10 min 为澄清溶液,逐渐析出黄色小针状结晶,即槲皮素,抽滤取结晶(保留滤液 20 mL,以检查其中所含单糖),加 50%乙醇加热回流使槲皮素粗晶溶解,趁热抽滤,放置析晶,抽滤得精制品,在减压下 110 ℃干燥可得槲皮素无水物。测熔点,进行纸层析鉴定。

2. 芦丁、槲皮素及糖的鉴定

(1) 纸层析:新华一号层析滤纸

样品:自制芦丁、槲皮素。

对照品:芦丁、槲皮素。

展开剂:正丁醇-醋酸-水(4∶1∶5 上层或 4∶1∶1)、25%醋酸水溶液、85%醋酸水溶液。

显色:可见光下观察,再在紫外光下观察,经氨气熏后再观察。

(2) 芦丁和槲皮素的聚酰胺薄层鉴定

样品:同纸层析。

展开剂:乙醇-水(7∶3)。

显色:同纸层析。

(3) 糖的检出——纸层析法

取上述滤除槲皮素时保留的水解滤液 20 mL,加 $Ba(OH)_2$ 的细粉 2.6 g,中和至 pH=7,滤除生成的 $BaSO_4$ 沉淀,滤液浓缩至 1 mL,供纸层析点样用。

展开剂:正丁醇-醋酸-水(4∶1∶5 上层或 4∶1∶1)。

对照品:葡萄糖、鼠李糖水溶液。

显色剂:苯胺邻苯二甲酸盐(喷试剂后,105 ℃烘 10 min,显棕色或棕红色斑点)。

(4) 光谱鉴定

槲皮素:

IR(KBr cm^{-1}):3600～2800(broad,OH),1640(C=O),1500,1600(benzene)

^{1}H-NMR(δ):6.19(6-H,d,J=2.0);6.41(8-H,d,J=2.0);7.68(2′-H,d,J=2.0);6.89(5′-H,d,J=8.5);7.54(6′-H,dd,J=8.5,2.0);9.37(3-OH,s);12.48(5-OH,s);10.76(7-OH,s);9.59(3′-OH,s);9.32(4′-OH,s)

^{13}C-NMR(δ):146.9(C-2);135.8(C-3);175.9(C-4);156.2(C-5);98.3(C-6);164.0(C-7);93.5(C-8);160.8(C-9);103.1(C-10);122.1(C-1′);115.2(C-2′);145.1(C-3′);147.7(C-4′);115.7(C-5′);120.1(C-6′)

芦丁：

IR(KBr cm^{-1})：3422(broad,OH)，1658(C=O)，1602，1502(benzene)，1062(broad,OH)

UV：357 nm，258 nm

^{1}H-NMR(δ)：6.20(6-H，d，J=1.9)，6.39(8-H，d，J=1.9)，7.56(2′-H，d，J=2.0)，6.85(5′-H，d，J=9.0)，7.55(6′-H，dd，J=9.0，2.0)，12.60(5-OH，s)，10.82(7-OH，s)，9.65(3′-OH，s)，9.15(4′-OH，s)，5.35(1″-H，dJ=7.3)，4.40(1‴-H，d，J=1.3)，1.00(6‴-H，d，J=6.2)，3.06～3.73(m，other sugar protons)

^{13}C-NMR(δ)：156.80(C-2)，133.50(C-3)，177.57(C-4)，161.42(C-5)，98.86(C-6)，164.25(C-7)，93.78(C-8)，156.61(C-9)，104.17(C-10)，121.79(C-1′)，115.42(C-2′)，144.94(C-3′)，148.60(C-4′)，116.46(C-5′)，121.37(C-6′)，101.37(C-1″)，74.26(C-2″)，76.63(C-3″)，70.19(C-4″)，76.10(C-5″)，67.19(C-6″)，100.94(C-1‴)，70.56(C-2‴)，70.75(C-3‴)，72.03(C-4‴)，68.43(C-5‴)，17.93(C-6‴)

ESI-MS：609[M-H]$^{-}$

四、思考题

1. 提取芦丁工艺中影响产量及质量的因素是什么？为什么要加硼砂水溶液？
2. 芦丁水解不完全时将产生什么后果？
3. 芦丁和槲皮素用不同展开剂系统展开将出现什么结果？为什么？

5.4　小檗碱及小檗胺的提取分离与檗肌松的制备

一、实验目的

1. 掌握酚性生物碱和水溶性生物碱提取、分离的方法。
2. 能够分离得到两种单一化合物的纯品，薄层鉴定、紫外和红外光谱鉴定都应符合标准图谱数据。

二、实验内容

1. 提取和分离(图 5-1)

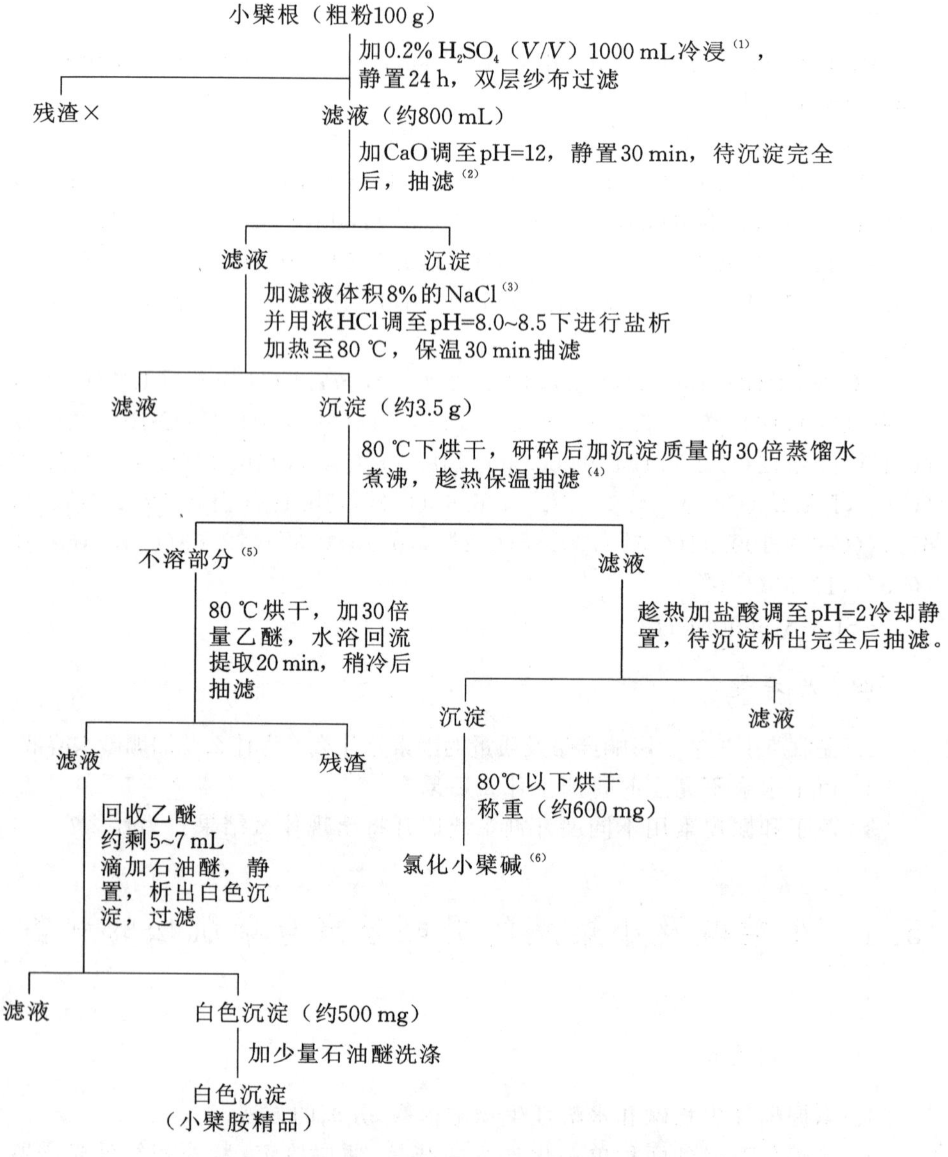

图 5-1　小檗碱及小檗胺的提取和分离

针对图 5-1 做出如下说明：

(1) 小檗碱[$pK_a = 11.53$]和小檗胺两化合物的硫酸盐在水中均易溶解(1：50)，冷浸时间越长，则浸出效果越好，经考查证明 2.5 d 完全达到平衡，

12 h可浸出 80%，24 h 可浸出 92%，考虑到浸出操作要重复进行，且浸出时间过长，杂质也相对增加，故根据多快好省原则采取一次冷浸 24 h，二次浸液套用。

(2) 用氧化钙调 pH 值至 12 以上时，小檗碱呈游离状态溶于水中(1∶50)而小檗胺含有酚羟基[$pK_a=7.33$]在此 pH 值下也成盐而溶于水中，该步极难过滤，注意不要振荡。

(3) 盐析最佳用量 8%～10%，盐析时调 pH 值至 8.0～8.5，小檗碱以氯化小檗碱沉淀析出，氯化小檗碱在水中溶解度为 1∶500，而小檗胺在此碱性条件下，酚羟基不能成盐溶解而生成难溶于水的游离小檗胺，同时沉淀析出。

(4) 氯化小檗碱在热水中溶解度较大，小檗胺难溶于水，可以利用热水溶解小檗碱，从而达到与小檗胺分离的目的。

(5) 小檗胺易溶于乙醚，而小檗碱难溶于乙醚，用乙醚回流时能提出小檗胺，而甩去水溶性的季铵碱类。

(6) 若小檗碱不纯可重复精制。

2. 檗肌松的制备

(1) 反应机制

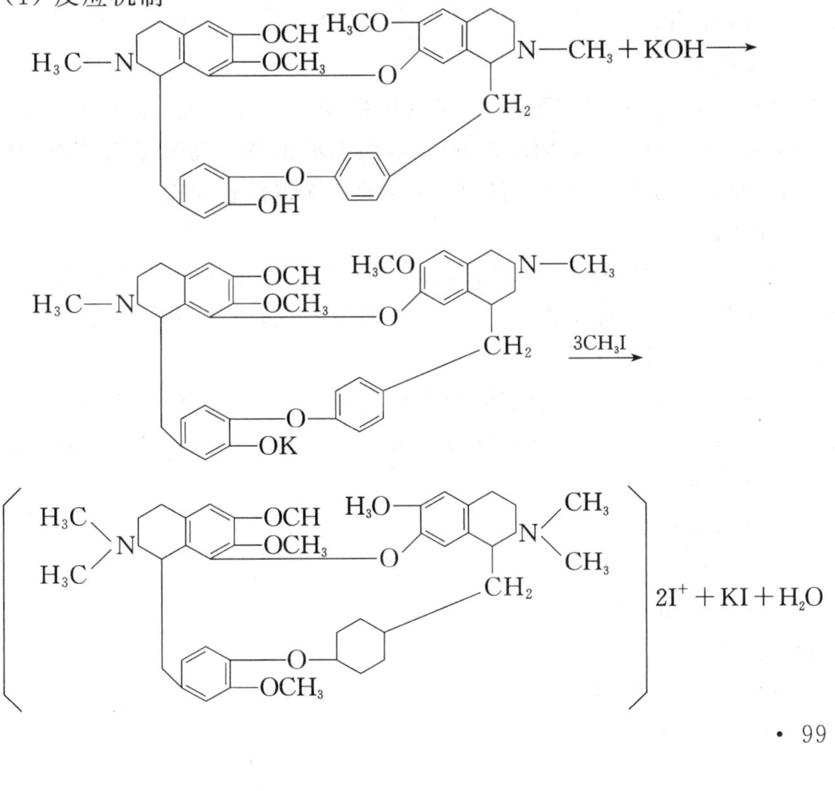

(2) 制备工艺

① 原料配比

小檗胺：氢氧化钾：碘甲烷＝0.7：0.4：1

② 操作

先将0.5 g KOH溶于40 mL甲醇中，制成pH值为13以上的KOH甲醇溶液，取40 mL KOH甲醇液加0.5 g小檗胺水浴加热回流2 h，反应终点到达后停止加热。

(3) 反应终点控制

若要判断反应是否完全，可取甲醇溶液进行薄层检查。

吸附剂：Al_2O_3(中性或碱性)过180目筛。

展开剂：氯仿：甲醇＝15：1。

显色剂：碘化铋钾试液。

点样：与小檗胺和檗肌松在同一条件下点样，点样后将甲醇烘干后方可展开。

记录：应为一个圆形的斑点，如若出现几个斑点，说明甲基化未完全。R_f值应为0.15左右。

(4) 重结晶

用薄层检查证明反应完全后，回收甲醇至8 mL左右，加入蒸馏水15～20 mL和及活性炭0.3 g，回流20 min，趁热保温抽滤。滤液放置冰箱中(或室温)使结晶析出，用少量蒸馏水洗涤，真空干燥即得白色结晶。

(5) 说明

① 小檗胺结构中有两个叔胺氮和一个酚羟基，它们均能与碘甲烷反应，生成甲基衍生物。但酚羟基不生成盐，不能甲基化，所以反应要在KOH溶液中(pH值在13以上)进行。

② 小檗胺、KOH和碘甲烷的配比量，应比理论配比多3～5倍，每克小檗胺需3 g KOH，其中1 g KOH与酚羟基成盐，2 g KOH中和HI(碘氢酸)。

理论计算如下：

小檗胺分子量＝608.7～609

氢氧化钾分子量＝56

碘甲烷分子量＝141.92≈142

如样品为0.5 g，则：

小檗胺 $M=0.5/609=0.0008$

需 KOH 量：$0.0008\times56\times3=0.1344\ (g)=0.14\ (g)$

需 CH_3I 量：$0.0008\times142\times3=0.3408\ (g)=0.34\ (g)$

实际用量：

KOH：$0.14\times4\ (g)=0.56\ (g)$

CH_3I：$0.34\times4\ (g)=1.36\ (g)$

③ 有时反应完成后，尚有部分未参加反应的碘甲烷剩留瓶底，应在加入活性炭前将其滤除否则影响结晶。

三、思考题

1. 小檗碱与小檗胺提取、分离的原理是什么？加石灰时为什么要使溶液保持 pH>12？如果偏低，结果会怎样？

2. 小檗胺甲基化过程中，为什么一定要保持 pH 在 8～9 以上？

3. 根据小檗胺、檗肌松的结构，在本实验条件下，试分析它们在薄层层析板上出现的先后顺序。

5.5 大黄中蒽醌类成分的提取、分离和鉴定

一、实验目的

1. 熟悉蒽醌类成分的提取分离方法。
2. 掌握 pH 梯度提取法的原理和操作技术。
3. 学习用硅胶柱色谱法分离大黄酚和大黄素甲醚。
4. 学习羟基蒽醌类化合物的鉴定方法。

二、实验原理

本实验根据大黄中的蒽醌苷类在酸性条件下加热，可水解成游离羟基蒽醌和糖，而游离羟基蒽醌不溶于水，可溶于乙醚、氯仿等亲脂性有机溶剂的性质，从水解物中将游离羟基蒽醌提取出来，再利用游离羟基蒽醌的酸性不同，采用 pH 梯度萃取法将其分离。

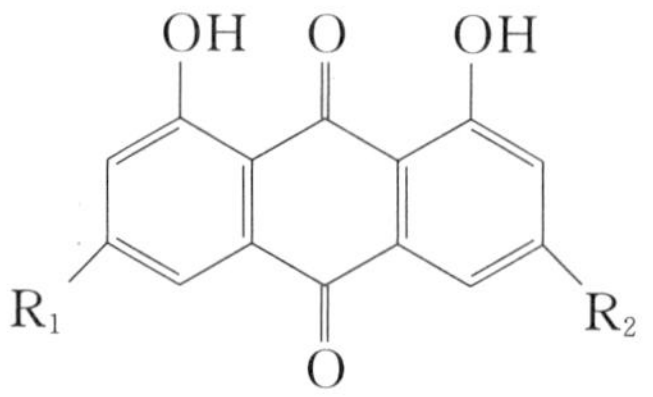

大黄酸	$R_1=H$	$R_2=COOH$
大黄素	$R_1=CH_3$	$R_2=OH$
芦荟大黄素	$R_1=CH_2OH$	$R_2=H$
大黄素甲醚	$R_1=CH_3$	$R_2=OCH_3$
大黄酚	$R_1=CH_3$	$R_2=H$

三、实验材料

试剂：大黄粗粉、牛黄上清丸、含水氯仿（水饱和）、甲醇、乙醚、20%硫酸溶液、冰醋酸、5%碳酸氢钠溶液、5%碳酸钠溶液、0.25%氢氧化钠溶液、5%氢氧化钠溶液、盐酸、丙酮、乙酸乙酯、醋酸镁、柱层析用硅胶（100～200 目）、硅胶-CMC 硬板、石油醚（沸程 60～90 ℃）-乙酸乙酯（20∶1）、石油醚∶乙酸乙酯∶甲酸（15∶5∶1）等。

器材：电热套、回流装置、量筒、梨形分液漏斗、试管、蒸发皿、层析缸、试管、薄层板、点样毛细管等。

四、实验内容与方法

1. 游离蒽醌的提取

称取大黄粗粉 50 g，加 20%硫酸溶液 50 mL，充分搅拌混匀，加氯仿 200 mL，热水浴回流提取 1 h，过滤得氯仿滤液。药渣继续用氯仿 200 mL 回流提取 1 h，过滤，合并两次氯仿提取液于圆底烧瓶中，加沸石数粒，水浴蒸馏回收氯仿至 200 mL（可减压抽干氯仿）。

2. pH 梯度萃取分离

（1）大黄酸的分离和精制

将含有总蒽醌的氯仿液放入分液漏斗中，加 5%碳酸氢钠溶液萃取数次（每次 20～30 mL），至萃取碱水液呈淡红色为止。合并萃取碱液，加盐酸至呈酸性（pH=2～3），析出黄色沉淀。过滤，并用少量水洗沉淀物至洗出液呈中性。干燥后加冰醋酸 10 mL，加热溶解，趁热过滤，滤液放置析晶，过滤，用少量冰醋酸淋洗结晶，得黄色针状结晶为大黄酸。

（2）大黄素的分离和精制

用碳酸氢钠液萃取后的氯仿液加 5%碳酸钠溶液萃取数次（每次 20～30 mL，方法同上述碳酸氢钠溶液的处理）。萃取液经酸化后析出棕黄色沉淀，过滤，水洗沉淀物至洗出液呈中性，沉淀经干燥后用 15 mL 丙酮热溶，趁热过滤，滤液静置，析出橙色针状结晶，过滤后用少量丙酮淋洗结晶，得大黄素。

(3) 芦荟大黄素的分离和精制

用碳酸钠液萃取后的氯仿液加0.25%氢氧化钠溶液萃取数次(每次20～30 mL，方法同上述碳酸氢钠溶液的处理)。萃取液经酸化后析出黄色沉淀，过滤，水洗至中性，干燥，用10 mL乙酸乙酯精制，得黄色针晶的芦荟大黄素。

(4) 大黄酚和大黄素甲醚的分离和精制

萃取除去芦荟大黄素后余下的氯仿层，再用5%氢氧化钠溶液200 mL分两次萃取，至碱水液呈无色为止，合并碱水层，加盐酸至呈酸性(pH=2～3)，析出黄色沉淀，过滤，水洗至中性，干燥，得到大黄酚和大黄素甲醚的混合物。将此混合物溶于乙酸乙酯，用硅胶柱色谱分离。

(5) 柱层析法分离大黄酚和大黄素甲醚

① 装柱 取一玻璃层析柱，垂直固定在铁架台上，在管的下端垫入少量棉花，装入100～200目硅胶(约1/3高，湿法装柱)。

② 上样 将样品置于小蒸发皿中，用少量石油醚分散，另加3倍量硅胶拌和均匀，并于水浴仪上缓缓蒸去溶剂。然后将含有样品的硅胶装入色谱柱的上端，并盖一圆形滤纸。

③ 洗脱 将色谱柱活塞打开，洗脱剂为石油醚(沸程60～90 ℃)-乙酸乙酯(15∶1)混合液。

④ 收集 洗脱液25 mL一份，分别收集，回收溶剂至小体积，放置，即可析出结晶，合并相同晶形部分。先洗脱下的化合物为大黄酚，后洗脱下的化合物为大黄素甲醚。

3. 鉴定

(1) 蒽醌类成分化学鉴定

① 碱液实验 分别取各种蒽醌结晶数毫克置于小试管中，加2%氢氧化钠溶液1 mL，观察颜色变化。凡有互为邻位或对位羟基的蒽醌呈蓝紫至蓝色，其他羟基蒽醌呈红色。

② 醋酸镁实验 分别取各种蒽醌结晶数毫克，置于小试管中，各加乙醇1 mL使溶解，滴加0.5% 醋酸镁乙醇溶液，观察颜色变化。

(2) 薄层层析检识

对照品的处理：取牛黄上清丸制剂(含大黄)3 g，切碎，加甲醇50 mL冷浸24 h，过滤，取滤液5 mL蒸干，残渣加水10 mL溶解，加盐酸1 mL，置水浴仪上加热30 min，冷却，用乙醚20 mL分两次萃取，合并乙醚液，蒸干，残渣加乙酸乙酯使溶解成 1 mL，为供试品溶液。

吸附剂：硅胶 G-CMC-Na 板。

展开剂：石油醚∶乙酸乙酯∶甲酸(15∶5∶1)上层溶液。

点样：提取的大黄酸、大黄素、芦荟大黄素、大黄酚、大黄素甲醚的醇溶液及处理后的牛黄上清丸的醇溶液。

显色剂：自然光下观察，记录黄色斑点出现的位置，然后再用浓氨气熏或喷 5%醋酸镁甲醇溶液，斑点显红色。

观察记录：记录图谱并计算 R_f 值。

(3) 采用液质联用对蒽醌类成分进行鉴定。

五、注意事项

1. 提取时用含水氯仿为溶剂，沸点低，易从冷凝管上端溢出，应时刻注意火力不能太大。

2. 冰醋酸较难挥发，不可多加，否则难浓缩。冰醋酸有腐蚀性，操作时避免触及皮肤。

3. 分离时，碱液顺序要从弱到强，不能颠倒。

六、思考题

1. 硅胶薄层板的活性等级是怎样分类的？

2. 硅胶薄层板中含水量过高时，对色谱行为有什么影响？

5.6 芸香苷的提取、精制、水解和鉴定

一、实验目的

1. 掌握碱-酸法提取黄酮类化合物的原理及操作。

2. 掌握黄酮苷的水解方法。

3. 掌握黄酮苷的鉴定方法。

二、实验原理

1. 芸香苷分子中具有酚羟基，显弱酸性，在碱水中成盐从而增强了溶解

能力，用碱水作溶剂煮沸提取，提取液加酸酸化后又成为游离的芸香苷而析出，并利用芸香苷对冷水和热水的溶解度相差悬殊的特性进行精制。

2. 黄酮苷可通过酸水解得到苷元和糖，并可通过薄层色谱法进行检识。

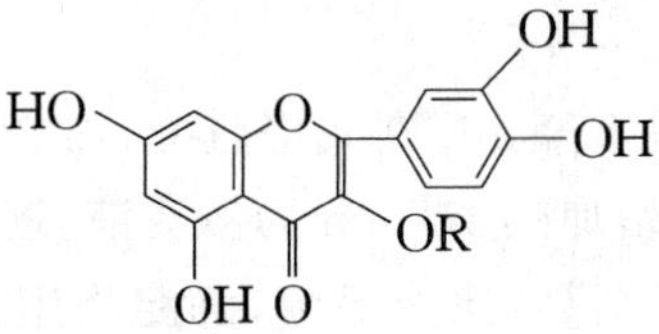

芸香苷：R＝葡萄糖-鼠李糖

槲皮素：R＝H

注：

芸香苷　$C_{27}H_{30}O_{16}\cdot 3H_2O$，淡黄色针状结晶，熔点为 174～178 ℃，其无水物的熔点为 188～190 ℃。溶解度：冷水中 1∶8000，热水中 1∶200，冷乙醇中 1∶300，热乙醇中 1∶30，冷吡啶中 1∶12，微溶于丙酮、乙酸乙酯，不溶于苯、氯仿、石油醚等溶剂。

槲皮素　$C_{15}H_{10}O_7\cdot 2H_2O$，黄色结晶，熔点为 313～314 ℃，其无水物的熔点为 316 ℃。溶解度：冷乙醇中 1∶20，沸乙醇中 1∶23，可溶于甲醇、乙酸乙酯、吡啶、丙酮等溶剂，不溶于水、乙醚、苯、氯仿、石油醚。

三、实验材料

试剂：槐花米、0.4％硼砂水溶液、石灰乳、蒸馏水、浓盐酸、2％硫酸、乙醇、1％氢氧化钠溶液、1％盐酸溶液、10％α-苯萘酚溶液、浓硫酸、镁粉、1％醋酸镁甲醇溶液、正丁醇、醋酸。

器材：电热套、漏斗、紫外分析仪、量筒、烧杯、薄层板、层析缸、点样毛细管、试管等。

四、实验内容与方法

1. 芸香苷的提取

取槐花米（研碎）20 g，置于 1 000 mL 圆底烧瓶中，加 0.4％硼砂水溶液 200 mL，边搅拌边加石灰乳调至 pH＝8，加热微沸 30 min，静置几分钟倾出上清液，用棉花过滤，药渣同上重复一次。合并滤液，用盐酸调至 pH＝2～3，放置冰箱中析晶（一夜以上），待全部结晶析出，抽滤，得粗芸香苷（滤饼用水洗 3～4 次），放置空气中自然干燥得粗品，称重、计算提取率。

2. 芸香苷的精制

取 2 g 粗芸香苷加蒸馏水 400 mL，加热煮沸溶解，趁热抽滤，滤液放置过夜，析晶，抽滤，得精制芸香苷，烘干。

3. 芸香苷的水解

取精制芸香苷 1 g，置 250 mL 圆底烧瓶中，加 2% H_2SO_4溶液 80 mL，加热回流 30 min 至 1 h，开始加热 10 min 为澄清液，逐渐析出黄色小针状结晶，即为槲皮素。放冷抽滤得结晶，滤液保留，沉淀物用蒸馏水洗至中性，抽干水分，晾干称重，得粗制槲皮素。必要时可用稀乙醇重结晶。

4. 芸香苷的检识反应

(1) 成盐反应

取芸香苷 10 mg 左右，置试管中加蒸馏水 2 mL，振摇，观察试管有无变化，滴加 1%氢氧化钠溶液数滴，振摇使芸香苷全部溶解成黄色澄明溶液，然后再滴加 1%盐酸溶液数滴至成酸性反应，溶液则由澄明转为混浊状态(当时不出现混浊的可放置片刻或放置冰箱中冷冻一定时间后再观察)。

(2) 显色反应

取芸香苷和槲皮素约 10 mg，各用 5 mL 乙醇溶解，制成样品溶液，按下列方法实验，比较苷元和苷的反应情况。

① Molish 反应

取样品溶液 1 mL，加 10% α-苯萘酚乙醇溶液 1 mL，振摇后斜置试管，沿管壁滴加 0.5 mL 浓硫酸，静置，观察并记录液面交界处颜色变化。

② 盐酸镁粉反应

将芸香苷与槲皮素溶液分别置于试管中，加入金属镁粉少许，浓盐酸 2～3 滴，观察并记录颜色变化。

③ 醋酸镁纸片反应

取两张滤纸条，分别滴两滴芸香苷、槲皮素的乙醇溶液，然后各加 1%醋酸镁甲醇溶液两滴，于紫外灯下观察荧光变化并记录现象。

5. 芸香苷及槲皮素的纸层析鉴定

层析材料：层析滤纸。

点样：(1)提取的芸香苷乙醇溶液；

(2)提取的槲皮素乙醇溶液。

展开剂：正丁醇∶醋酸∶水(4∶1∶5)上层溶液。

显色：(1)先在可见光下观察斑点颜色，然后在紫外灯下观察斑点颜色；

(2)喷洒1%三氯化铝乙醇试剂后再观察斑点的变化。

五、注意事项

1. 提取过程中，加入硼砂的目的是保护芸香苷分子中的邻二酚羟基，以减少其氧化，并使其不与钙离子结合(钙盐络合物不溶于水)，使芸香苷不受损失，提高产率。

2. 实验中应严格控制碱提取、酸沉淀的pH值。加入石灰乳即可以达到碱性溶解提取的目的，还可以除去槐花米中的多糖类、黏液质等，但碱性不宜过强(pH≤10)，因为在强碱性条件下煮沸时间稍长就可促使芸香苷水解破坏，降低产率；酸化时pH不可过低，否则会使芸香苷形成样盐而降低产率。

3. 水解时应随时加水，避免蒸干。

六、思考题

1. 苷类水解有几种催化方法?

2. 苷类水解的难易程度受到哪些因素的影响?

5.7　八角茴香中挥发油的提取、鉴定及含量测定

一、实验目的

1. 熟练进行挥发油的含量测定装置的安装。

2. 掌握八角茴香中挥发油的鉴定、含量测定方法。

二、实验原理

挥发油具有挥发性，能随水蒸气馏出，但不溶或极难溶于水，易溶于有机溶剂中，可利用水蒸气蒸馏法提取挥发油。

三、实验材料

试剂：八角茴香粗粉、蒸馏水、石油醚、乙酸乙酯、5%香草醛-浓硫酸等。

器材：挥发油含量测定装置、薄层板、层析缸、点样毛细管等。

四、实验内容与方法

1. 八角茴香油的提取

称取八角茴香粗粉 50 g,置于圆底烧瓶中,加水 250 mL,充分搅拌混匀,连接挥发油测定器与回流冷凝管。缓缓加热蒸馏提取 2 h,静止分层,放出水,读取油的体积。

2. 八角茴香油的鉴定

吸附剂:硅胶 CMC 板。

点样:八角茴香油。

展开:先以石油醚∶乙酸乙酯(85∶15)展开至薄层板中线时取出,晾干,再以石油醚展开至前沿线。

显色剂:5%香草醛-浓硫酸。

观察记录:喷洒显色剂后,于 120 ℃加热 5 min,观察显出的斑点,记录并绘图。

3. 八角茴香油的含量计算

计算公式如下:

$$挥发油含量=\frac{L}{50}\times 100\%$$

五、注意事项

1. 提取完毕后,需待油水分离后再将油放出。
2. 计算挥发油含量的公式要记录下来。

六、思考题

进行挥发油的单向二次展开时,为什么先用石油醚-乙酸乙酯的混合溶剂进行第一次展开,再用石油醚进行第二次展开?

5.8 汉防己中生物碱的提取、分离和鉴定

一、实验目的

1. 掌握一般叔胺生物总碱的提取和纯化方法。
2. 熟悉柱色谱法分离生物碱的操作技术。

3. 掌握生物碱的鉴定方法。

二、实验原理

根据大多数生物碱或生物碱盐均能溶于乙醇的通性，利用乙醇提取总生物碱。利用季铵型生物碱易溶于水、不溶于亲脂性有机溶剂的性质，用溶剂萃取法分离脂溶性生物碱和水溶性生物碱。根据汉防己甲素、乙素和酸结合成盐易溶于水、难溶于亲脂性试剂、在碱性条件下易溶于亲脂性试剂不溶于水的性质反复处理后，再利用两者在冷苯中溶解度的不同，使它们相互分离。或者利用两者的极性不同，利用柱层析法进行分离。

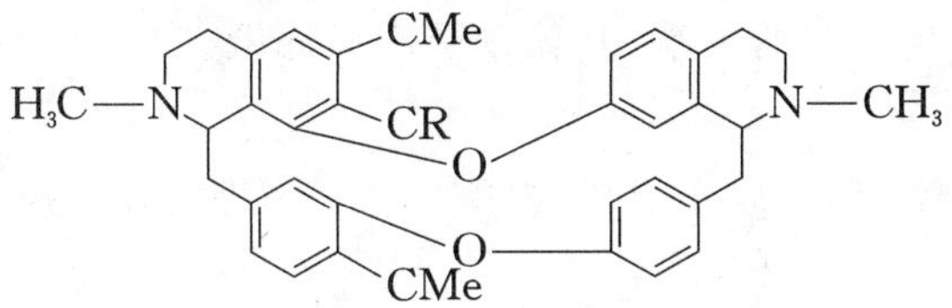

三、实验材料

试剂：汉防己、85％乙醇、1％盐酸、氯仿、氨水、1％氢氧化钠、无水硫酸钠、氧化铝、丙酮、环己烷、甲醇、改良碘化铋钾试剂、碘-碘化钾试剂、碘化汞钾试剂、硅钨酸试剂等。

器材：回流装置、圆底烧瓶、分液漏斗、层析柱、漏斗、薄层板、点样毛细管、层析缸、量筒、烧杯、试管等。

四、实验内容与方法

1. 总生物碱的提取

取汉防己粉末 100 g，置于 500 mL 圆底烧瓶中，加 85％乙醇 300 mL，水浴加热回流 1 h，滤出乙醇提取液；药渣重新加入 200 mL 85％乙醇同法提取 1 次，合并两次提取液，过滤，浓缩至无醇味，成浸膏状，得到总生物碱。

2. 精制

将上述浸膏状提取液转入烧杯中，加 1％盐酸调至 pH＝2，边加边搅拌，静置，过滤，得澄清的滤液。滤液加等体积氯仿，再加氨水调至 pH≥10，于分液漏斗中振摇萃取，静置分层后提取氯仿层，碱液再用氯仿萃取两次，合并氯仿液。氯仿液置于分液漏斗中，先以 1％氢氧化钠溶液洗 2 次，再用水洗 2～3 次，然后加入约 5 g 无水硫酸钠脱水，放置过夜，过滤，回收氯仿至少量，得汉防己总碱。

3. 汉防己甲素和汉防己乙素的分离

(1) 装柱

取层析柱垂直固定在铁架台上，在管的下端垫入少量棉花，称取中性氧化铝100目20 g，缓缓加入层析柱中，边加边轻轻振动色谱柱，使氧化铝在柱中填实、均匀。

(2) 上样

取100 mg汉防己总碱置于小蒸发皿中，用少量丙酮溶解，另加0.5 g色谱用氧化铝（作吸附剂）搅拌均匀，并水浴加热缓缓蒸去溶剂。然后将含有样品的氧化铝装入色谱柱的上端，并盖一层圆形滤纸。

(3) 洗脱

将色谱柱活塞打开，以正己烷-丙酮（4∶1）洗脱，流速控制为5 mL/min，收集各流分（10～15 mL/份）。

(4) 检查

将各流分回收溶剂，依次点于硅胶G-CMC-Na薄层板上，以氯仿-丙酮-甲醇（6∶1∶1）为展开剂展开，喷以改良碘化铋钾试剂，比较各流分的R_f值，合并相同R_f值的流分。

(5) 结晶

将合并流分的溶液浓缩至适当体积，放置，析晶，滴加少量丙酮洗涤结晶，可得汉防己甲素、汉防己乙素结晶。

4. 检识

(1) 化学检识

将提取的氯仿液，用1%的盐酸萃取，得盐酸溶液10 mL，分为四个小试管储存，分别在四个小试管中加入改良碘化铋钾、碘-碘化钾、碘化汞钾、硅钨酸试剂，观察各试管中的变化，记录在表5-8中。

表5-8 实验现象记录

	改良碘化铋钾	碘-碘化钾	碘化汞钾	硅钨酸
汉防己生物碱				
空白				

(2) 色谱检识

色谱材料：硅胶 G-CMC-Na 硬板。

点样：汉防己总碱、汉防己甲素和汉防己乙素的 0.1%醇溶液。

展开剂：①氯仿-丙酮-甲醇(6∶1∶1)；

②氯仿-乙醇(10∶1)；

③甲苯-丙酮-乙醇(4∶5∶1)。

显色剂：改良碘化铋钾试剂。

观察记录：记录图谱及斑点颜色。

(3) 采用液质联用技术进行鉴定。

五、注意事项

1. 提取装置的安装要小心，不能打碎仪器。

2. 提取总生物碱时，回收乙醇至稀浸膏状即可，过干时，加入盐酸后会结成胶状团块，影响提取效果。

3. 用 1%氢氧化钠溶液洗氯仿液的目的是分离出酚性生物碱。汉防己乙素结构中的酚羟基由于空间效应和氢键的形成，呈隐性酚羟基性质，酸性减弱，不溶于强碱溶液，在此步骤中仍留在氯仿液中。

5.9 中药制剂薄层色谱鉴别的应用

一、实验目的

掌握薄层色谱法对中药制剂定性检识的原理、方法与实验技术。

二、实验原理

运用天然药物化学的理论知识和技术手段，依据中药制剂中的主要成分或特征成分的性质特点，选用适当的溶剂和方法如液固提取、液液萃取、分步提取、色谱等方法对试样进行预处理，消除干扰物质，提高待测的有效成分或特征成分的相对浓度，以利成分的检出和在进行薄层色谱鉴别时提高色谱的清晰度，实现应用薄层色谱检测技术鉴别和控制中药制剂质量的实用价值。

三、实验材料

试剂：牛黄解毒片、大黄、黄芩、合成冰片、甲醇、石油醚、乙酸乙酯、甲酸、丙酮、氯仿、醋酸镁乙醇溶液、三氯化铁乙醇溶液、1%香草醛-浓硫酸、磷钼酸乙醇液等。

器材：回流装置、层析缸、试管、分液漏斗、水浴锅、薄层板、点样毛细管等。

四、实验内容与方法

本品为牛黄解毒片(包衣片)。处方为：牛黄 50 g、雄黄 50 g、石膏 200 g、大黄 200 g、黄芩 150 g、桔梗 100 g、冰片 25 g、甘草 50 g。制成 1000 片。

1. 大黄的鉴别

(1) 预处理

① 供试液制备：本品 6 片，刮去糖衣，研碎，加 10 mL 甲醇回流 15 min，冷却至室温后过滤，取滤液 5 mL 作为供试液。

② 对照液制备：取大黄药材 1 g，同供试液制备法制成对照药材溶液。

2. 黄芩的鉴别

(1) 预处理

① 供试液制备：同大黄供试液制备。

② 对照液制备：取黄芩药材 1 g，同供试液制备法制成对照药材溶液。

3. 冰片的鉴别

(1) 预处理

① 供试液制备：取本品 2 片，刮去糖衣，研碎，加甲醇-氯仿(1∶1)4 mL，室温下浸渍提取 30 min，需不时振摇，自然过滤，取滤液 5 mL 作为供试液。

② 对照液制备：取合成冰片适量，加乙酸乙酯溶解制成浓度为 4 mg/mL 的对照品溶液。

4. 薄层色谱鉴别方法的选择

(1) 薄层色谱鉴别

薄层板：硅胶 H-0.5% CMC-Na 板。

点样：供试液及对照液。

展开剂：石油醚(60～90 ℃)∶乙酸乙酯∶甲酸(15∶5∶1)上层溶液。

显色：显色前后置日光及紫外光灯(365 nm)下观察，再喷 0.5%醋酸镁乙醇溶液显色。

观察记录：观察斑点颜色及位置，记录图谱。

(2) 薄层色谱鉴别

薄层板：硅胶 H-0.5% CMC-Na 板。

点样：供试液及对照液。

展开剂：乙酸乙酯：丙酮：甲醇：水(5：3：1：1)。

显色：喷 1%三氯化铁乙醇溶液显色。

观察记录：观察斑点颜色及位置，记录图谱。

(3) 薄层色谱鉴别

薄层板：硅胶 H-0.5% CMC-Na 板。

点样：供试液及对照液。

展开剂：石油醚：乙酸乙酯(10：1)。

显色：喷 1%香草醛硫酸试剂后于 110 ℃烘至显色，或喷 5%磷钼酸乙醇液后于 110 ℃烘至显色。

观察记录：观察斑点颜色及位置，记录图谱。

五、注意事项

应依据定性鉴别对象的理化性质选择适当的方法制备供试样品。

6 生药学实验

6.1 显微测量

一、实验目的

1. 掌握显微测量尺的校正和使用方法。
2. 熟悉显微测量尺的构造与原理。

二、仪器与试剂

1. 仪器：显微镜、目镜测微尺、载台测微尺、酒精灯。
2. 试剂：水合氯醛、甘油。

三、实验材料

大黄、肉桂药材粉末。

四、实验内容与方法

1. 显微测量尺(图 6-1)的构造及用途

显微测量尺是用来测量显微镜下所见物体长度的标尺，包括载台测微尺和目镜测微尺。

(1) 载台测微尺，又称台尺，为特制的载玻片，在载玻片的中央封有 1 mm 长的刻度小尺，精确地分为 10 大格，每大格又分 10 小格，共 100 小格，每小格长度为 0.01 mm，即 10 μm。标尺的外围有一小黑环，便于找到标尺的位置。这个标尺用圆形盖玻片封藏保护起来。载台测微尺并不直接用来测量镜下物体的长度和大小，而是用以标定目镜测微尺的每小格所表示的实际长度。经过标定后的目镜测微尺方可用来测量显微镜下物体的长度和大小。

(2) 目镜测微尺，又称目尺，是放在目镜筒内的一块有刻度的圆形玻璃片。目镜测微尺有直线式和网格式两种。网格式的标尺是方格状，方格数、大小有多种规格。直线式标尺分为 100 小格、50 小格。刻度尺每一小格表示的实际长度随不同的显微镜、不同的放大倍数而不同。故在使用前必须将各镜头逐一用台尺加以校正，以确定使用此显微镜时各镜头下目镜测微尺每小格所代表的实际长度。

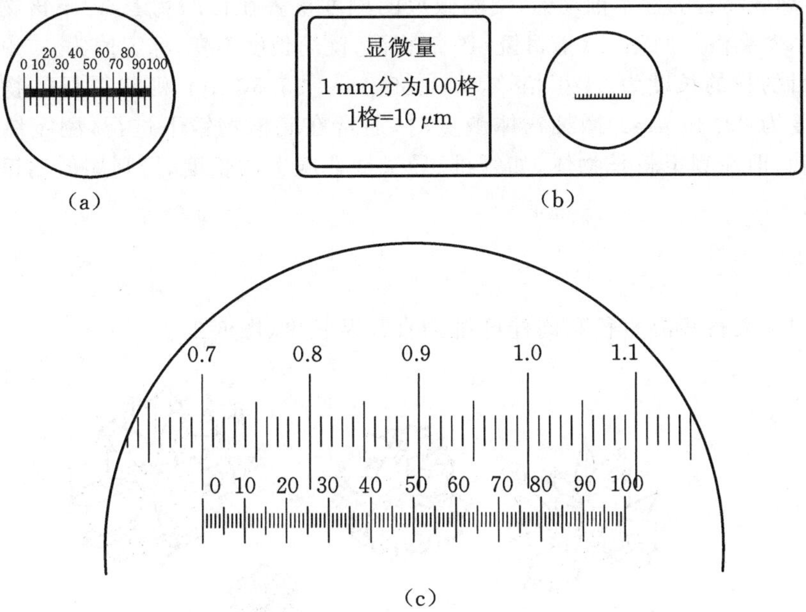

图 6-1　显微测量尺

(a) 目镜量尺；(b) 载台量尺；(c) 表示视野中目镜量尺与载台量尺的重合线

2. 目镜测微尺的标定

(1) 取下目镜从中间旋开。将目镜测微尺的刻度面正面朝上安放在目镜筒中部的横隔板上，再旋上目镜，放回原镜筒内。

(2) 将载台测微尺盖片面朝上，放在载物台上，用低倍镜调节焦距至看清载台测微尺的刻度。

(3) 移动镜台测微尺，同时转动目镜，使目镜测微尺与载台测微尺平行靠近，并将两尺“0”点刻度线上任意刻度线对齐。再从左向右查看两尺刻度线另一重合处，记录重合线间目镜测微尺和载台测微尺的格数。然后计算目镜测微尺每小格所表示的实际长度。

$$\text{目镜测微尺每小格的实际长度}=\frac{\text{物尺测微尺格数}\times 10\ \mu\text{m}}{\text{目镜测微尺格数}}$$

(4) 注意事项：在进行标定时，一般需测数次，取其平均值。如果换用接物镜时，目镜测微尺应重新校正。

3. 实例测量物体长度

用准备测量物体标本片替换镜台尺，用已校正的目镜和物镜来观察，调焦距，移动载物台的标本推动器，使测微尺的刻度重叠在目的物上，记录该物体总长有多少小格。例如：10 倍目镜、40 倍物镜、镜筒长度不变，标定值为 3.89 μm，测得目的物的长度为 24 小格，24×3.89 μm＝93.36 μm，则测得目的物的实际长度为 93.36 μm。微细物体测量时，通常在高倍物镜下进行，测定结果比较准确，但在测定较长物体，如纤维、导管或非腺毛的长度时，则用低倍镜测量较好。

五、作业

记录大黄簇晶直径和肉桂纤维的直径及长度（图 6-2）。

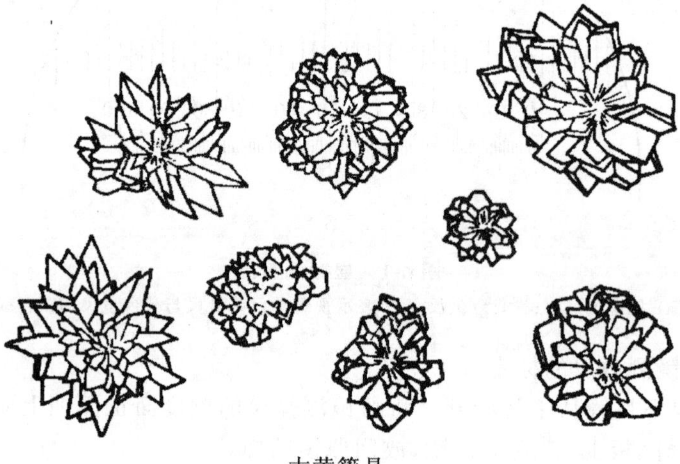

大黄簇晶

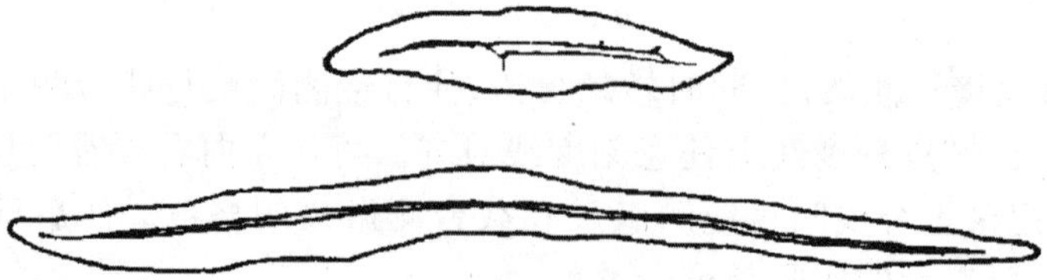

肉桂纤维

图 6-2　大黄簇晶和肉桂纤维

6.2 大黄、黄连的鉴定

一、目的要求

1. 掌握大黄、黄连药材性状鉴别方法。
2. 掌握大黄、黄连的显微和理化鉴别方法。

二、仪器与试剂

1. 仪器:微晶升华装置、紫外灯、温度计、铁三脚架、石棉网、滴定台、酒精灯、滤纸、毛细管。

2. 试剂:氢氧化钠、甲醇、45%乙醇、95%乙醇、30%硝酸、稀盐酸、漂白粉、氨试液、硫酸(0.25 mol/L)、水合氯醛、稀甘油。

三、实验材料

1. 药材:大黄、黄连。
2. 横切面永久制片:黄连。
3. 粉末:大黄、黄连。

四、内容与方法

1. 大黄的鉴定

(1) 性状鉴别:观察大黄的药材标本,判断其为根还是根茎,注意其形状、表面色泽、有无栓皮及绳孔、质地及断面和气味等特征,尤其要注意有无星点及存在部位。

(2) 显微鉴别

大黄粉末,淡黄棕色,气味特殊,味苦涩。取粉末少许,先以蒸馏水装片观察,注意以下特征:①淀粉粒甚多,单粒,大多圆形,多角形或类圆形,脐点星状、十字形、三叉状、人字形、裂缝状或点状、大粒层纹明显。复粒较多,由2~7分粒组成,各分粒脐点明显。②草酸钙簇晶较大,极多,棱角大多短钝,有的边缘棱角不清晰。③导管主要为网纹导管,非木化,也有具缘纹孔和螺纹导管。

(3) 理化鉴别

① 取大黄粉末少许进行微量升华，分别收集 110 ℃、130 ℃、150 ℃附近升华物镜检，依次见菱形或针状、树枝状、羽毛状黄色结晶，结晶加 10%氢氧化钠试液 1 滴，溶解并显红色。

② 大黄、波叶组大黄纸层析

取粉末 0.2 g，加甲醇温浸 10 min，放冷，取上清液各 10 μm 分别点于滤纸上，以 45%乙醇展开，取出，晾干，放置 10 min，置 365 nm 紫外灯下检视，观察结果。

2. 黄连的鉴定

(1) 性状鉴别：观察黄连的药材标本，注意其形状、大小、表面颜色、有无须根及鳞叶或叶柄残基、节间长短、质地、断面色泽、气味等特征。重点从根茎形状、大小、过桥长短等方面比较味连、雅连、云连等黄连商品药材。

① 味连：根茎多分枝，集聚成簇，形如鸡爪，表面黄褐色，断面鲜黄色。

② 雅连：根茎多单枝，较粗壮，似蚕形“过桥”，较长，表面棕黄色，断面黄色，有的中空。

③ 云连：根茎单枝，较细小，略弯曲，蝎尾形，表面棕黄色，断面黄棕色。

(2) 显微鉴别

① 味连

根茎横切面，在低倍镜下，由外向内依次观察下列组织(内含物的特征可在高倍镜下观察)：

a. 木栓层：为数列扁平细胞，外侧有时可见鳞叶组织。

b. 皮层：较宽，薄壁组织中有石细胞散在，单个或成群；常可见根迹维管束和叶迹维管束。

c. 中柱鞘纤维：成束存在或有少数石细胞。

d. 维管束：外韧型，断续环列；韧皮部狭窄；形成层细胞扁平射线明显，束间形成层不明显；木质部均木化，由导管、管胞、木纤维、木薄壁细胞组成，木纤维较发达。

e. 髓部：由薄壁细胞组成，无细胞。

f. 薄壁细胞均含淀粉粒。

② 雅连：髓部尚有多数石细胞群。

③ 云连：皮层，中柱鞘及髓部均无石细胞。

④ 黄连粉末

深棕黄色，气微，味极苦。

取黄连粉末少许，用水合氯醛试液透化后装片观察，注意其下列特征：

a. 石细胞：鲜黄色，类圆形，类方形或不规则形，壁厚，孔沟及纹孔明显。

b. 中柱鞘纤维：鲜黄色，多成束，纺锤形或长梭形，较粗短，壁厚、末端尖，壁孔明显。

c. 木纤维：鲜黄色，成束，较细长，壁稍厚，纤维管胞具缘纹孔明显，韧形纤维单纹孔。

d. 导管：主要为孔纹导管，少见具缘纹孔。

e. 鳞叶表皮细胞：绿黄色或黄棕色，略呈长方形或类方形，无细胞间隙，壁呈微波状弯曲或连珠状增厚。

(3) 理化鉴别

① 取根茎折断面在紫外灯下观察，木质部显金黄色荧光。

② 取黄连粗粉 1g，加乙醇 10 mL，加热至沸腾，冷却，滤过。取滤液 5 滴，加稀盐酸 1 mL 与漂白粉少量，振摇后溶液显樱红色(小檗碱)。

③ 取黄连粉末置载玻片上，加 95％乙醇 1～2 滴及 30％硝酸 1 滴，盖上盖玻片，放置片刻，镜检，有黄色针状或针簇状结晶析出(硝酸小檗碱)。

五、作业

1. 绘制大黄、黄连粉末显微特征图(图 6-3)。

2. 记录黄连的理化鉴别结果。

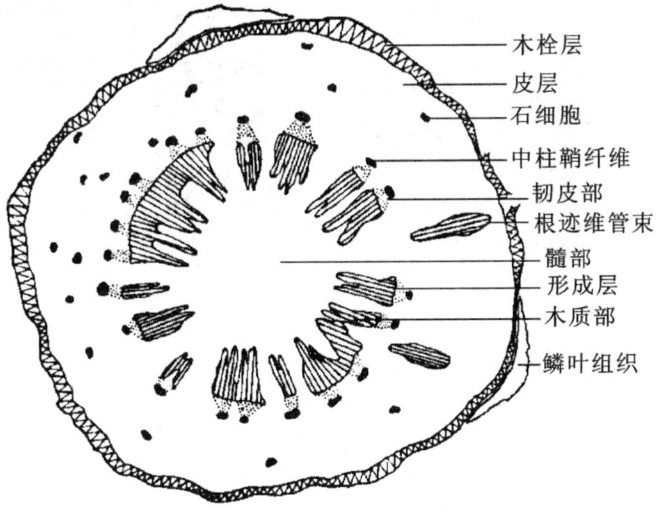

(a)

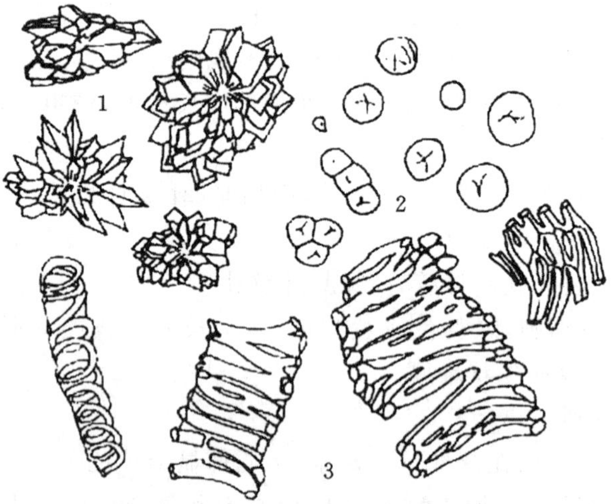

(b)

1—淀粉粒； 2—簇晶； 3—网纹导管

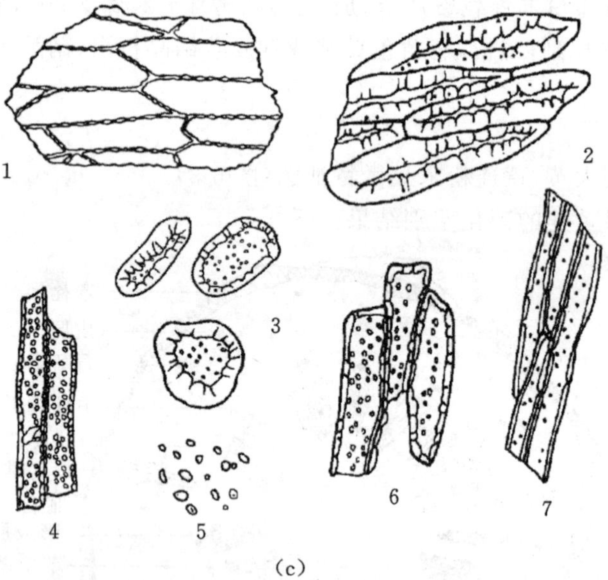

(c)

1—鳞叶表皮细胞；2—韧皮纤维；3—石细胞；4—导管；5—淀粉粒；6—木薄壁细胞；7—木纤维

图 6-3 显微特征图

(a)黄连根茎横切面；(b)大黄粉末；(c)黄连粉末

6.3 人参、甘草、桔梗等的鉴定

一、目的要求

1. 掌握人参、甘草、桔梗等药材的性状特征。
2. 掌握人参横切面显微组织结构和人参、甘草、桔梗粉末显微特征。

二、仪器与试剂

1. 仪器：生物显微镜、紫外灯、酒精灯、回流装置、薄层板、定量毛细管、分液漏斗、滤纸。
2. 试剂：甲醇、正丁醇、硅胶 G、0.5% CMC 醋酸乙酯、硫酸、水合氯醛、甘油。

三、实验材料

1. 药材：人参、甘草、桔梗。
2. 粉末：人参、甘草。

四、内容方法

1. 人参的鉴定

(1) 性状鉴别

人参商品主要有野山参(野生品)和圆参(栽培品)。圆参主要有生晒参、红参、白参及参须。

野山参：主根粗短，多具 2 个分枝，有的呈"人"字形，上端有细密而深陷的环纹。芦头(根茎)细长，几乎与主根等长，上部密生芦碗(茎痕)，其下有 1～3 个下垂生长的不定根(艼)。支根有许多细长的须根，可见疣状突起，习称"雁脖芦、枣核艼短横体，浅线纹，珍珠须"。

生晒参：主根圆柱形，长 3～15 cm，具疏浅断续的环纹，灰黄色，芦头上芦碗较少，须根上疣状突起不明显，散有棕色小点。味苦而回甜。

红参：全体红棕色，透明，角质样，主根圆柱形，加工成长方形。

白参：主根表面淡黄色，表面可见加工时的点状刺痕，味微甜。

(2) 显微鉴别

去人参根横切面，在低倍镜下自外向内依次观察下列组织：

① 木栓层:外侧为数列扁平的木栓细胞,内侧有数列栓内层细胞。

② 韧皮部:有树脂道分布,近形成层可见较多环列;外侧常有裂缝,射线宽 3～5 细胞。

③ 形成层:呈环状。

④ 木质部:导管多单列径向稀疏排列,木射线宽广。

⑤薄壁细胞:含草酸钙簇晶和淀粉粒。

人参粉末:米黄色,有香气,味微甘、辛,有吸湿性。

取人参粉末少许,用蒸馏水和水合氯醛试液透化装片,镜检下列特征:

① 树脂道碎片呈管状,内含黄棕色分泌物,其周围薄壁细胞中亦见分泌物。

② 草酸钙簇晶棱角大多尖锐,很少有呈钝角的。

③ 导管主要为网纹、梯纹导管。网纹导管纹孔较大。

④ 淀粉粒极多,单粒和复粒。

2. 甘草的鉴定

(1) 性状鉴别:观察甘草药材标本,注意其表面色泽、有无纵向及横向皮孔、质地、断面色泽特征、气味。

(2) 显微特征

甘草粉末:淡黄棕色,气微,味甜而特殊。

取甘草粉末少许用蒸馏水和水合氯醛试液透化后装片,镜检下列特征:

① 纤维成束状或散离状,晶纤维易察见,草酸钙方晶为双锥形、长方形或类方形。

② 导管主要为具缘纹孔导管,多破碎,纹孔分布较密,呈椭圆形或略呈斜方形,对称或互列,有的导管旁可见小型具缘纹孔管胞。

③ 淀粉粒众多,单粒呈椭圆形,卵形或类球形,脐点点状或裂缝状。

④ 木栓细胞呈红棕色,壁薄,表面呈多角形。

⑤ 色素块少数呈黄棕色,性状不一。

3. 桔梗的鉴定

(1) 性状鉴别:观察桔梗药材标本,注意其根的性状、顶端有无较短的根茎及多个茎痕、表面色泽、质地、断面有无放射状裂隙、形成层等特征。

(2) 显微鉴别

取桔梗药材纵切,置载玻片上,用乙醇装片或水合氯醛液装片(不加热)观察下列特征:

① 菊糖呈扇形或类圆形的结晶。

② 乳管常互相连成网状,管中含黄色油滴样颗粒状物。

③ 具梯纹、网纹，少数具缘纹孔导管。

五、作业

1. 绘制人参横切面组织结构简图(图 6-4)。

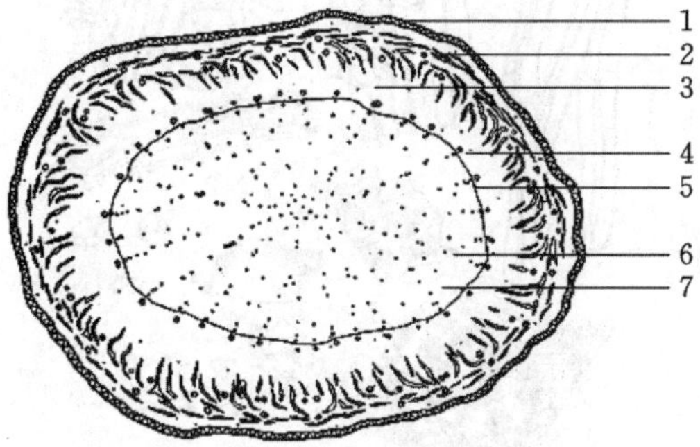

图 6-4 人参横切面组织结构简图

1—木栓层；2—裂隙；3—韧皮部；4—树脂道；5—形成层；6—导管；7—射线

2. 绘制人参、甘草粉末显微特征图(图 6-5、图 6-6)。

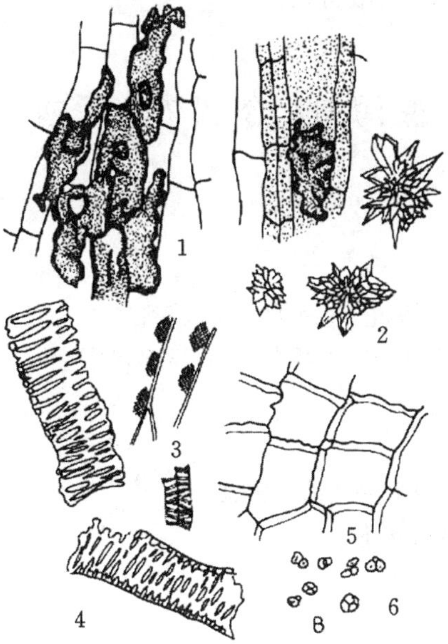

图 6-5 人参粉末显微特征

1—树脂道碎片；2—草酸钙簇晶；3—淀粉粒；4—导管；5—木栓细胞

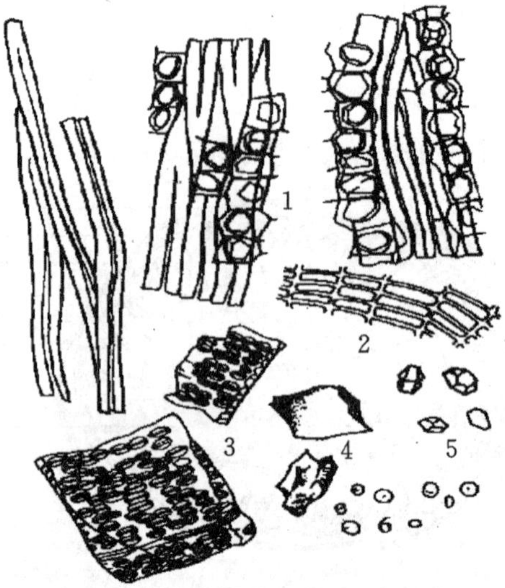

图 6-6　甘草粉末显微特征

1—晶纤维及纤维；2—草酸钙方晶；3—淀粉粒；4—木栓细胞；5—导管

3. 绘制桔梗纵切面显微特征图。

6.4　番泻叶、金银花、丁香的鉴定

一、目的要求

1. 掌握番泻叶、金银花、丁香的性状特征。
2. 掌握番泻叶、金银花、丁香粉末的显微特征。

二、仪器与试剂

1. 仪器：光学显微镜、酒精灯、滤纸。
2. 试剂：水合氯醛、稀甘油。

三、实验材料

1. 药材：番泻叶、金银花、丁香。
2. 粉末药材：番泻叶、金银花、丁香。

四、内容与方法

1. 番泻叶的鉴定

(1) 性状鉴别

取尖叶番泻叶药材标本进行观察，叶片呈披针形或卵形，略卷曲，长 2～4 cm，宽 0.7～1.2 cm，叶端尖或微凸，叶基不对称，表面绿色，下面灰绿色，微有短毛，无压叠纹。质地较薄脆，微呈革质状。气微而特异，味苦。

狭叶番泻叶：小叶片多完整平坦，呈长卵状披针形或披针形。长 2～6 cm，宽 0.4～1.5 cm，全缘，叶端尖或有尖刺。叶基略不对称。上面黄绿色，下面浅黄绿色，两面均有稀绒毛，叶脉略凸起。有叶脉及叶片压迭线段(加压打包时造成)。气微而特异，味苦，稍有黏性。

(2) 显微鉴别

镜检尖叶番泻叶和狭叶番泻叶横切面。两种叶的横切面构造大致相同。表皮细胞中含有大量黏液质。上下表皮均有气孔。叶肉组织为等面型，上下均有一列栅栏细胞。上面栅栏细胞较长，约 150 μm。下面栅栏细胞较短，长 50～80 μm。海绵组织细胞中含草酸钙簇晶。主脉维管束的上下两侧，有微木化的中柱鞘纤维层，外有含草酸钙棱晶的薄壁细胞，形成晶纤维。

番泻叶粉末：黄绿色，味甜，苦。

取番泻叶粉末少许，置载玻片上，用水合氯醛液透化后装片，镜检下列特征：

① 表皮细胞多角形，垂周壁平直，气孔为平轴式(狭叶番泻叶气孔副卫细胞多为 3 个)。

② 非腺毛，单细胞，长 100～350 μm，壁厚，多疣状突起，基部稍弯曲。尖叶番泻叶的毛较多。

③ 晶纤维较多，草酸钙棱晶直径 12～15 μm。

④ 薄壁细胞含草酸钙簇晶，直径 8～30 μm。

2. 金银花的鉴定

(1) 性状鉴别取药材标本进行观察，花蕾呈棒状，上粗下细，略弯曲，密被短绒毛，花萼先端 5 裂，花冠筒状，上部稍开裂二唇形。气清香，味微苦。

(2) 显微鉴别

金银花粉末：浅黄色。

取金银花药材标本置于载玻片上，用水合氯醛液透化后进行表面制片，镜检。

① 腺毛：两种类型，一种头部倒圆锥形，顶端平坦，从侧面观察有 10～30 个细胞，排成 2～4 层，直径 48～108 μm，柄部 1～5 个细胞，长 15～58 μm。

另一种头部类圆形或略扁圆形，6～20 个细胞，直径 24～80 μm，柄 2～4 个细胞，长 24～80 μm，直径 13～32 μm。

② 单细胞非腺毛：有两种，一种为厚壁单细胞非腺毛，长 45～90 μm，基部直径 14～37 μm，壁厚 5～10 μm，有细疣状突起及单螺纹。另一种为薄壁非腺毛，直径 11～36 μm。

③ 草酸钙簇晶：散存于薄壁细胞中，以萼筒组织中最为密集，直径 6～45 μm，棱角细尖。

④ 花粉粒：黄色，类圆形或三角形，直径 60～92 μm，外壁表面有细密短刺及圆形细颗粒状雕纹，具三孔沟。

取金银花粉末，用水合氯醛液透化后装片，镜检特征同表面制片，此外，尚可见到下列特征：

① 柱头顶端表皮细胞呈乳头状突起。

② 花粉囊内壁细胞具螺状、条状。

3. 丁香的鉴定

(1) 性状鉴别

取丁香药材标本进行观察，花蕾呈棒状，上部花冠近球形。下部萼筒呈圆柱形，稍扁，红棕色或暗棕色，表面有颗粒状突起，指甲刻划有油痕，萼筒先端 4 裂，裂片三角形肥厚，十字分开，花瓣 4 片，复瓦状排列，内包多数雄蕊。质坚而重，入水则垂直下沉。香气浓郁，味辣，有微麻舌感。

(2) 显微鉴别

丁香粉末：暗红棕色，具强烈香气，且有辣味。

取丁香粉末少许，置载玻片上，用水合氯醛液透化后装片，镜检下列特征：

① 纤维：大多单个散在，也有 2～3 个成束，淡黄色或黄色。呈梭形，边缘平整或稍波状弯曲，有的呈不规则连珠状突起并扭曲，可见扭曲痕。一般长 106～684 μm，微木化。孔沟较稀或不明显，胞腔宽窄不一，少数呈线形，胞腔不明显，有的胞腔内含棕色油状物。

② 花粉粒：无色或微黄色。极面呈三角形，赤道轴长 12～20 μm，赤道表面凸镜形，具 3 副合沟。

③ 草酸钙簇晶：众多，大多存在于较小的薄壁细胞中，油室周围的薄壁细胞中有多个簇晶聚集，也有数个簇晶连成行。

④ 油室：呈类圆形或椭圆形，直径约 150 μm，多破碎，分泌细胞界线不明显，有的为黄色油状物。

⑤ 花粉囊内壁细胞：断面为类长方形，垂周壁呈连珠状，平周壁为条状，稍厚。

⑥ 导管:螺纹导管,细小。

五、作业

分别绘制番泻叶、金银花、丁香粉末显微特征图(参见图 6-7 至图 6-10)。

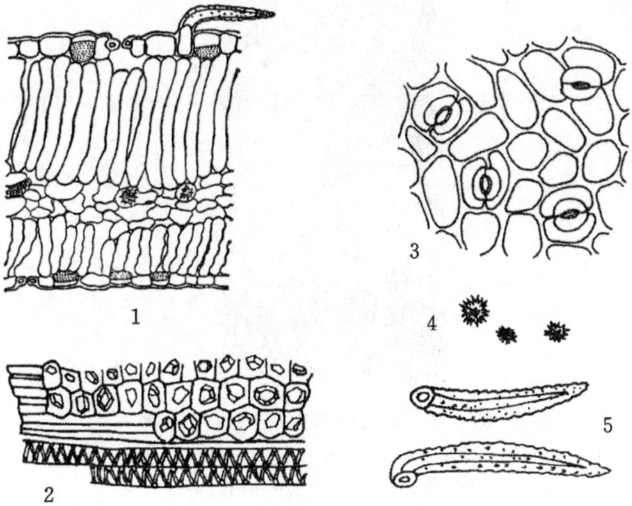

图 6-7 番泻叶粉末显微特征

1—等面叶碎片;2—晶纤维及导管;3—表皮碎片;4—草酸钙簇晶;5—非腺毛

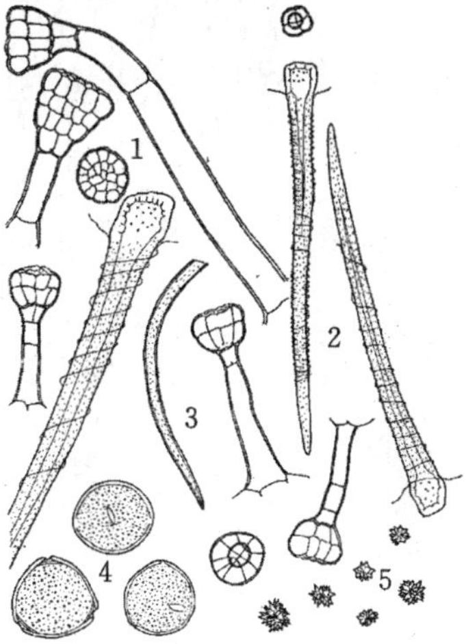

图 6-8 金银花粉末显微特征

1—腺毛;2—厚壁非腺毛;3—薄壁非腺毛;4—花粉粒;5—草酸钙簇晶

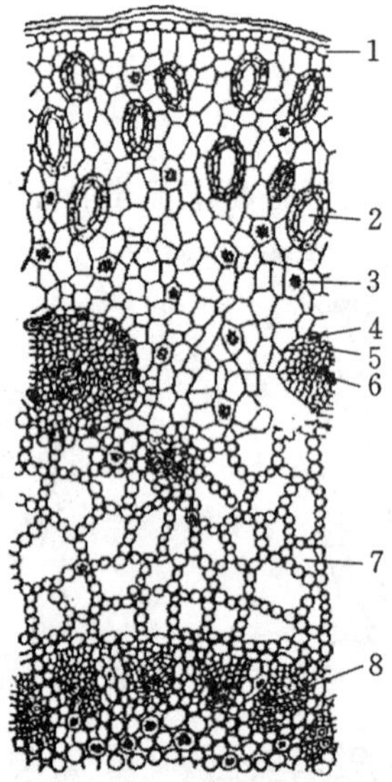

图 6-9　丁香横切面组织显微特征

1—表皮；2—油室；3—草酸钙结晶；4—韧皮纤维；5—韧皮部；
6—木质部；7—气室；8—中柱的双韧维管束

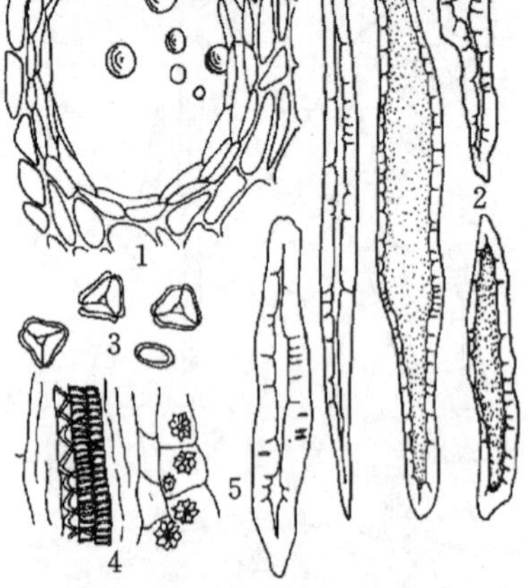

图 6-10　丁香粉末显微特征

1—油室；2—纤维；3—花粉粒；4—导管；5—簇晶

6.5 洋金花、红花、西红花的鉴定

一、目的要求

1. 掌握洋金花、红花、西红花的性状特征。
2. 掌握洋金花、红花、西红花的粉末显微特征。

二、仪器与试剂

1. 仪器:光学显微镜、酒精灯、滤纸。
2. 试剂:水合氯醛、稀甘油。

三、实验材料

1. 药材:洋金花、红花、西红花。
2. 粉末药材:洋金花、红花、西红花。

四、内容与方法

1. 洋金花的鉴定

(1) 性状鉴别

取洋金花药材标本进行观察。花多皱缩呈条状,花萼呈筒状,先端 5 裂;表面微有绒毛,花冠呈喇叭状,顶端 5 浅裂,裂片有短尖,两裂片间微凹;剖开雄蕊 5 枚,花丝贴生于花冠筒,剖开雌蕊 1 枚,柱头棒状。烘干品质柔韧,气特异,晒干品质脆,气微。

(2) 显微鉴别

洋金花粉末:呈灰棕色,带鼻烟气,气微苦、辛。

将本品用水合氯醛液透化后装片,镜检下列特征:

① 花粉粒:呈球形或扁球形,直径 45～68 μm,3 孔沟不甚明显,外壁分层不清楚,有子午向排列的细条状雕纹,外壁破碎,其内壁及内容物类圆形。

② 腺毛:有两种,一种为短腺毛头部梨形,2～6 个细胞,柄 1～3 个细胞;另一种为长腺毛,头部单细胞,柄 2～6 个细胞。

③ 非腺毛:花萼非腺毛 3～5 个细胞;花冠非腺毛 1～10 个细胞;花丝基部非腺毛粗大,有 1～5 个细胞,长 64～206 μm,基部细胞膨大,壁有疣状突

起，有的非腺毛中间细胞皱缩。

④ 草酸钙结晶：草酸钙结晶存在于花冠薄壁细胞中；草酸钙方晶、草酸钙簇晶均存在于花冠基部薄壁细胞中。

⑤ 花冠表皮碎片：上下表皮均有不定式气孔，副卫细胞 3～8 个。

⑥ 黄棕色条块：存在于薄壁组织间或导管旁。

⑦ 花粉囊内壁细胞：见不规则螺旋状增厚。

2. 红花的鉴定

（1）性状鉴别

取红花药材进行观察，可见红花为不带子房的管状花，长约 1.5 cm，黄红色或红色，花冠筒细长，先端 5 裂，裂片狭线形，雄蕊 5 枚，花药聚合成筒状；柱头长圆柱形，露于花药筒外，顶端分叉。质轻，柔润。气微，味微苦。

（2）显微鉴别

取红花粉末少许，置于载玻片上，水合氯醛试液透化后装片，镜检下列特征：

① 花粉粒：深黄色，呈圆形或长球形，外壁有短刺及疣状雕纹。具 3 个萌发孔。

② 分泌细胞：花各部均有管道状分泌细胞，由分泌细胞单列相连而成，细胞内充满黄色至红棕色分泌物。

③ 花冠顶端细胞：分化成乳头状绒毛。

④ 柱头表皮细胞：分化成圆锥形单细胞毛，末端较尖。

⑤ 草酸钙结晶：方形或长方柱形。

3. 西红花的鉴定

（1）性状鉴别

取西红花药材标本进行观察，柱头细条状，橙红色，长 2.5～3 cm，基部窄，向上则稍宽大并内卷成筒，边缘细齿状，内有一裂缘。质轻，入水则柱头膨胀，呈长喇叭状，散出橙黄色素，将水染成黄色。有特异香气，味微苦。

（2）显微鉴别

西红花粉末：橙红色，滋润而黏结，气香，味微苦。

取西红花粉末少许，置载玻片上，用水合氯醛试液透化后装片，可见下列特征：

① 柱头碎片：细胞长方形，排列紧密，内含色素物质。上端长条形细胞密集成绒毛状，表皮细胞壁常突起成乳头状。

② 导管：细小，环纹或螺纹。

③ 草酸钙结晶：方晶或簇状结晶，存在于薄壁细胞中。

④ 花粉粒：难见，无色或淡黄。圆球形，外壁近光滑，内含颗粒状物质。

五、作业

分别绘制洋金花、红花、西红花粉末显微特征图(图 6-11 至图 6-13)。

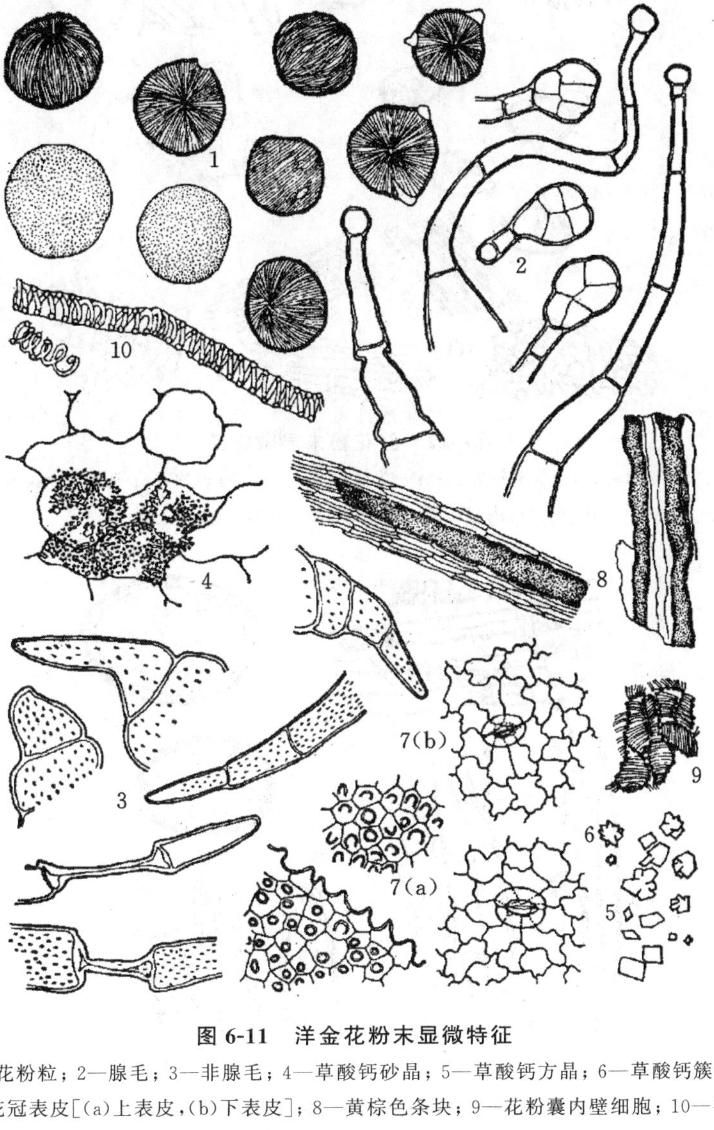

图 6-11　洋金花粉末显微特征

1—花粉粒；2—腺毛；3—非腺毛；4—草酸钙砂晶；5—草酸钙方晶；6—草酸钙簇晶；7—花冠表皮[(a)上表皮，(b)下表皮]；8—黄棕色条块；9—花粉囊内壁细胞；10—导管

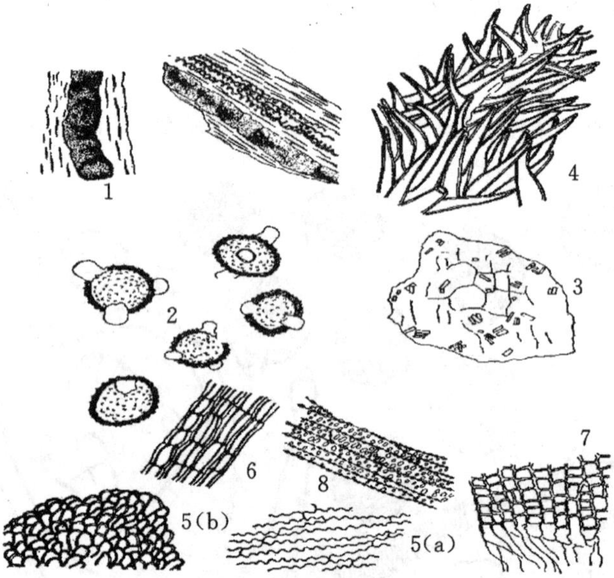

图 6-12　红花粉末显微特征

1—分泌细胞；2—花粉粒；3—草酸钙方晶；4—花柱碎片；5—花冠裂片表皮细胞[(a)表面观,(b)顶端]；6—花粉囊内壁细胞；7—花药基部细胞；8—网纹细胞

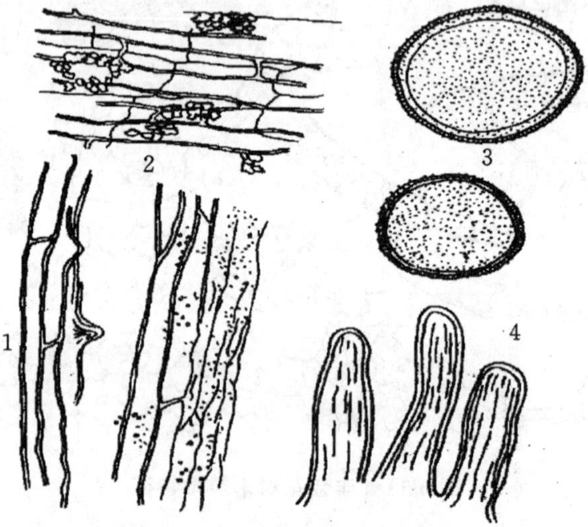

图 6-13　西红花粉末显微特征

1—表皮细胞；2—草酸钙结晶；3—花粉粒；4—柱头表皮细胞

6.6 五味子、小茴香、马钱子的鉴定

一、目的要求

1. 掌握五味子、小茴香、马钱子的药材性状特征。
2. 掌握五味子、小茴香粉末显微特征及小茴香组织解离后的显微特征。
3. 掌握马钱子的鉴别方法和特征。

二、仪器与试剂

1. 仪器:光学显微镜、酒精灯、电炉、烧杯、乳钵、试管、水浴仪、温度计。
2. 试剂:水合氯醛、甘油、碳酸氢钠试液、三硝基苯酚试剂、氢氧化钾。

三、实验材料

1. 药材:五味子、小茴香、马钱子。
2. 粉末:五味子、小茴香、马钱子。

四、内容与方法

1. 五味子的鉴定

(1) 性状鉴别

取五味子药材标本进行观察,可见下列特征:

北五味子:呈不规则圆形或扁圆球形,直径 0.5～1 cm。表面紫红色或暗红色,皱缩显油润,果肉柔软,有的表面出现黑红或出现“白霜”。内含种子1～2 粒,肾形,表面棕黄色,有光泽。

南五味子:果实较小,直径 0.4～0.8 cm,表面红棕色或黄褐色,干瘪,皱缩,果肉常紧贴于种子上。

(2) 显微鉴别

五味子粉末:暗红色,微有香气,味甚酸、咸。

取五味子粉末少许,置载玻片上,用水合氯醛液透化后装片,可见下列特征:

① 果皮碎片:外表皮细胞多角形,具角质线纹,散有油细胞。亦可用刀片

削取果实表皮装片观察。

② 种皮石细胞:外层石细胞较小而均匀,壁厚,胞腔小,内层石细胞较大,胞腔大。

③ 种皮油细胞:类圆形,含黄色油滴。

④ 导管:多为螺纹。

⑤ 胚乳细胞:多角形,含糊粉粒和脂肪油。

⑥ 淀粉粒:单粒和复粒。

2. 小茴香的鉴定

(1) 性状鉴别

取小茴香果实药材标本进行观察。小茴香双悬果,呈长圆柱形,两端稍尖,表面黄绿色或淡黄色,顶端残留花柱基,基部带果柄分果呈长椭圆形。背面有 5 条纵棱隆起。气特异芳香,具甜气,压碎时更显著,味微甜。

(2) 显微鉴别

镜检小茴香分果横切面,在低倍镜下,由外向内依次观察下列组织:

① 外果皮:一列扁平细胞。

② 中果皮:接合面两个油管,背面每棱线间各一个,共有油管 6 个,棱线处有维管柱。维管柱的内外两侧围有木化网纹细胞。

③ 内果皮:一列扁平细胞,细胞长短不一。

④ 种皮细胞扁长,含棕色物质。

⑤ 内胚乳细胞含众多细小糊粉粒,其中含细小的草酸钙簇晶。

⑥ 有种脊维管束。

小茴香粉末:绿黄色或黄棕色。有特异香气,味微甜、辛。

取小茴香粉末少许,置载玻片上,用水合氯醛液透化后装片,镜检下列特征:

① 镶嵌层细胞,为内果皮细胞,每组 5～8 个狭长细胞,沿不规则方向嵌列。

② 油管碎片,分泌细胞多角形。

③ 网纹细胞壁厚,具大型网孔,木化。

④ 糊粉粒细小,内含草酸钙小簇晶,分布在多角形的内胚乳细胞中。镶嵌层细胞常与较大的多角形中果皮细胞重叠。

3. 马钱子的鉴定

(1) 性状鉴别

取马钱子药材标本进行观察,可见马钱子呈扁圆纽扣状,直径 1.5～3 cm,厚 0.3～0.6 cm,常一面隆起,一面稍凹,表面密被灰棕色或灰绿色绢状绒毛，自中央向四周呈放射状排列，有丝样光泽。边缘稍隆起，较厚，有凸起的珠孔，地脉内中心有突起的圆点状种脐。质坚硬，平行剖面主要为淡黄色胚乳，子叶薄，叶脉5～7条。无臭，味极苦，有毒。

云南马钱：呈扁长圆形或扁圆形，边缘较薄而微翘，子叶卵形，叶脉3条，有毒。

(2) 显微鉴别

制片并观察马钱子表面。

刮取种子表皮绒毛少许，置载玻片上，用间苯三酚及盐酸封藏后镜检。可见表皮细胞绒毛被染成红色，壁厚，强烈木化，基部膨大形似石细胞。马钱子的表皮绒毛平直不扭曲，毛肋不分散；云南马钱子的表皮绒毛多少有些扭曲，毛肋常分散。

五、作业

绘制五味子、小茴香、马钱子的粉末显微特征图(参见图6-14至图6-16)。

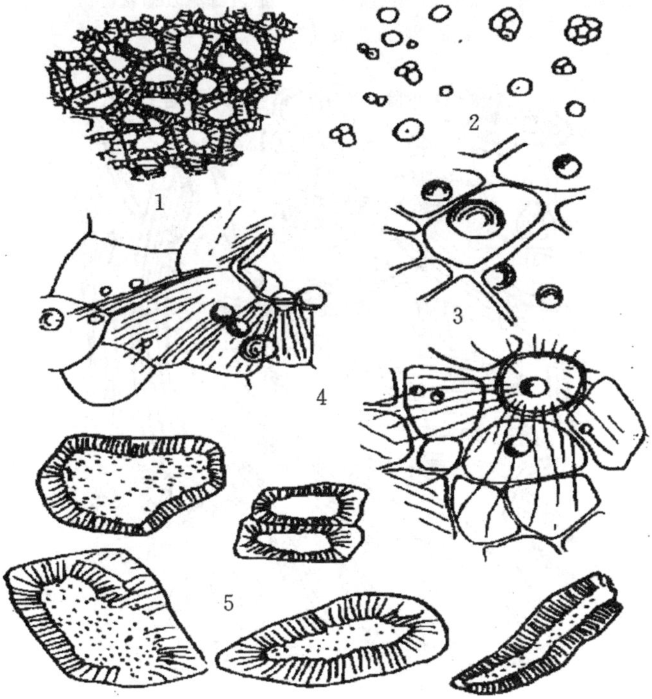

图6-14　五味子粉末显微特征

1—种皮表皮石细胞；2—淀粉粒；3—胚乳细胞及脂肪油滴；4—果皮表皮细胞；5—种皮内层石细胞

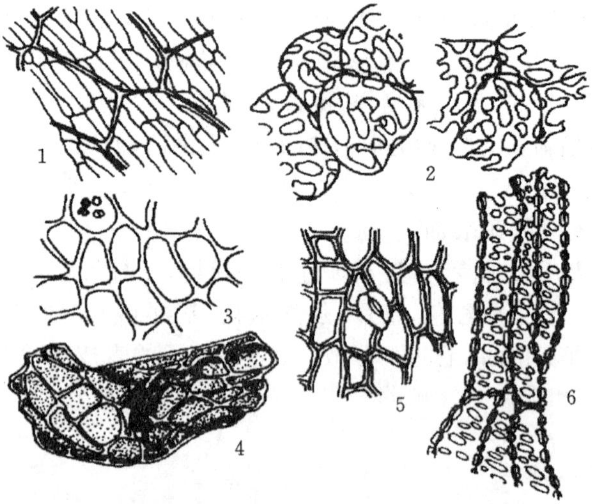

图 6-15 小茴香粉末显微特征

1—镶嵌细胞(内果皮细胞);2—网纹细胞;3—胚乳细胞及糊粉粒;4—油管碎片;5—果皮表皮细胞及气孔;6—木薄壁细胞

图 6-16 马钱子粉末显微特征图

1—种皮非腺毛;2—非腺毛基部;3—胚乳细胞

6.7 茯苓、猪苓的鉴定

一、目的要求

1. 掌握茯苓、猪苓性状特征。

2. 掌握茯苓、猪苓粉末显微特征。

二、仪器与试剂

1. 仪器：研钵、分液漏斗、试管、蒸发皿、容量瓶、白瓷板、纸。

2. 试剂：乙醇、乙醚、稀盐酸、氯仿、、5%三氯化铁乙醇液、10%醋酸钠、0.5%醋酸铜、硝酸、浓盐酸、甲醛、氢氧化钠试液。

三、实验材料

1. 药材：茯苓、猪苓。

2. 粉末：茯苓、猪苓。

四、内容与方法

1. 茯苓的鉴定

(1) 性状鉴别

取茯苓药材标本进行观察。茯苓商品有茯苓个、茯苓皮和茯苓块。

① 茯苓个为类球形或不规则形，外皮棕褐色，粗糙，体重，断面呈颗粒状，外层淡棕色，内部白色。有的中间有松根。嚼之粘牙。

② 茯苓皮：削下茯苓外皮，外面棕褐色，内面白色或淡棕色，体软质松，略具弹性。

③ 茯苓块：去皮后，切成的茯苓呈片状。白色者为白茯苓，淡红色或淡棕色者为赤茯苓。

(2) 显微鉴别

茯苓粉末为乳白色。取茯苓粉末，用水或醋酸甘油水装片，镜检下列特征：

① 具不规则颗粒状团块或末端钝圆的分枝状团块，无色。

② 菌丝无色或棕色，稍弯曲，有分枝，直径 3～8 μm。粉末用 5%氢氧化钾或水合氯醛溶液装片，则团块溶化，露出菌丝。

(3) 理化鉴别

取茯苓粉末少许，加水 5 mL，煮沸后，加碘化钾-碘试液一滴，显深红色，为多糖类显色反应(可区别猪苓)，但不得显蓝色或紫红色(检查淀粉及糊精)。

2. 猪苓的鉴定

(1) 性状鉴别

取猪苓药材标本进行观察。猪苓呈不规则条块状或类圆形团块。表面棕黑色，皱缩或有瘤状突起。体轻质硬，能浮于水面，断面类白色，略呈颗粒状。气微，味淡。

(2) 显微鉴别

取猪苓粉末，用水或醋酸甘油水装片，镜检下列特征：

① 菌丝团大多无色(内部菌丝)，少数棕色(外层菌丝)。

② 菌丝细长，大多无色，少数棕色，有分枝或局部膨大呈结节状。草酸钙方晶呈八面体、双锥形或不规则多面体，直径 3～64 μm。

(3) 理化鉴别

① 取茯苓粉末 1 g，加稀盐酸 10 mL，置水浴上煮沸 15 min，搅拌，呈黏胶状(区别茯苓)。

② 取粉末少许，加适量 20%氢氧化钠溶液，搅拌，呈悬浮状(区别茯苓)。

③ 取粉末 0.1 g，加水 5 mL，煮沸，加碘液 3 滴，不得显蓝色或紫红色(检查淀粉或糊精)。

五、作业

绘制茯苓、猪苓粉末显微特征图(参见图 6-17、图 6-18)。

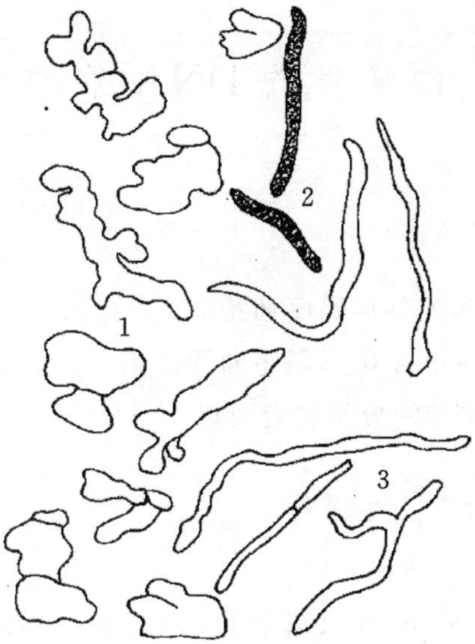

图 6-17　茯苓粉末显微特征

1—无色团块；2—有色菌丝；3—无色菌丝

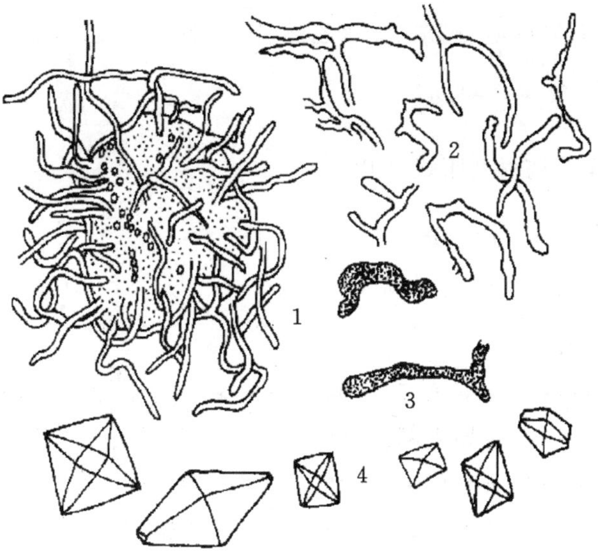

图 6-18　猪苓粉末显微特征

1—菌丝团；2—无色菌丝；3—有色菌丝；4—草酸钙方晶

6.8 人参、西洋参的DNA条形码分子鉴定

一、目的要求

1. 掌握人参的DNA条形码序列特征。
2. 掌握西洋参的DNA条形码序列特征。
3. 掌握人参、西洋参的分子鉴定要点。

二、仪器、试剂、材料

1. 仪器

电子分析天平、高通量组织研磨仪、水浴锅、电泳仪、电泳槽、紫外灯、PCR仪。

2. 试剂

氯仿、异戊醇、三羟甲基氨基甲烷(Tris)、乙二胺四乙酸二钠(EDTA-Na_2)、盐酸、巯基乙醇、异丙醇、硼酸、无水乙醇、PCR Mix、聚乙烯吡咯烷酮PVP40、溴化乙锭(EB)。

3. 材料

人参、西洋参药材及干燥叶片。

三、实验内容与方法

1. DNA提取

① 取样备用

对每个样本编号并记录好,称取30～50 mg,分别加入2 mL离心管(已灭菌并烘干处理)中,同时加入两粒已用75%乙醇泡洗并晾干的小钢珠,平衡对称地放在高通量组织研磨仪中,研磨120 s(50 Hz频率条件下),备用,整个过程中注意检查离心管是否破裂。另外,由于本实验中的香辛料调味品样本为粉末状态,为了防止交叉污染,取样过程中及时用75%的乙醇擦拭手套、药匙等,尽量避免样本材料间混杂,以确保所提取的DNA来源的唯一性。

② 核分离液漂洗

加入 700 μL 核分离液，将离心管固定在旋转混匀仪上充分混匀，7500 r/min 条件下离心 3 min 后，弃去上清液留沉淀，重复 2～3 次直至上清液不再黏稠为止（叶片类样本可不用核分离液漂洗）。

③ 裂解细胞

在 GP1 溶液中加入 β-巯基乙醇，使其终浓度为 0.1%，再置于 65 ℃水浴锅预热备用，再向装有样本的离心管中加入 700 μL 提前加热的 GP1 溶液，混匀后将离心管卡在漂浮板上，放入 65 ℃水浴锅中（整个过程确保离心管的管盖密闭），一般水浴 1.5 h，有时对难以提取 DNA 的样本可以适当延长水浴时间，另外在水浴过程中需要轻柔颠倒离心管，混匀样本，以更好地裂解植物细胞。

④ 去除杂质

水浴过程结束后，用移液枪分别向各个离心管中加入 700 μL 体积比为 24∶1 的氯仿-异戊醇溶液（整个过程注意枪头不要碰到样本，以防交叉污染），将离心管在旋转混匀仪上旋转混合 5 min，然后在 12000 r/min 条件下离心 5 min，此时固体杂质沉在底部，DNA 在上清液中，于是将上清液小心地转移到新的离心管中，标记好对应编号，重复该步骤一次。

⑤ 沉淀 DNA

向装有上清液的离心管中加入已在－20 ℃冰箱中预冷的异丙醇，一般 700 μL 即可（通常可用 2 倍乙醇或 1.5 倍异丙醇沉淀核酸，但异丙醇比较疏水，能很更好地沉淀核酸，另外用异丙醇沉淀时，高浓度的盐使大量多糖存在于溶液中，从而减少了多糖和杂蛋白污染），混匀后立即放入－20 ℃冰箱冷冻 20 min。

⑥ 纯化 DNA

将上一步的液体转移到吸附柱 CB3 中，此时 DNA 会与吸附膜结合，12000 r/min 离心 30 s，过滤倒掉废液；再向吸附柱 CB3 中加入 500 μL 缓冲液 GD，同样条件下离心后倒掉废液；再向吸附柱 CB3 中加入 700 μL 漂洗液 PW，同样条件下离心后倒掉废液，并重复该步骤一次。

整个过程中缓冲液 GD、漂洗液 PW 在使用前需要按说明书加入相应量的无水乙醇，因为高浓度盐的存在会影响核酸的进一步操作，因此必须用乙醇多次洗涤脱盐，乙醇比异丙醇更亲水，所以能去掉一些盐离子，从而增大盐的溶解度。

⑦ 洗脱 DNA

在 12000 r/min 条件下将空管(吸附柱和收集管)离心 2 min(此步骤是为了尽可能去掉吸附柱中残余的漂洗液,以得到高质量的基因组 DNA),然后将吸附柱转到新的离心管中,敞开盖子在室温下放置一段时间,挥发尽残留的溶液。悬空滴加 50 μL 双蒸水至吸附膜中部,56 ℃金属浴加热 3～5 min,以使基因组 DNA 更好地溶于水中,12000 r/min 条件下离心 2 min,收集溶液。

2. PCR 扩增

(1) PCR 引物选择

本研究的 PCR 反应体系选用 2×Taq PCR MasterMix 酶,其成分包括 Taq DNA 聚合酶、dNTPs、$MgCl_2$、反应缓冲液。25 μL 的 PCR 扩增体系组成见表 6-1,注意整个配制过程需在冰上操作,尽可能保持酶的活性。一般会将提取的高质量 DNA 浓度调整到 50～100 ng·μL^{-1}后作为模板,而当基因组 DNA 浓度较低时,可适当增加模板量。

表 6-1　扩增体系组成

组分	体积/μL
2×Taq PCR Master Mix	13
正向引物(2.5 μM)	1
反向引物(2.5 μM)	1
双蒸水	9
DNA 模板	1

(2) PCR 反应条件

一般 PCR 反应主要由变性、退火和延伸三个阶段组成,其主要因素是温度、时间和循环次数。变性过程中,DNA 双链在高温下解开,变性温度的高低和变性时间的长短均对 PCR 产量有一定影响,一般变性时间为 30～60 s,变性温度为 92～95 ℃,对于 GC 含量高的 DNA 模板,可适当提高变性温度。退火过程中,DNA 单链与引物相互结合,退火时间由引物的长度来决定,通常为 30～60 s,退火温度由所设计引物的 T_m 值来决定,一般为 50～60 ℃,退火温度过低可能会降低产物特异性，过高可能会影响引物与 DNA 链间的结合。延伸过程中，延伸温度由 DNA 聚合酶的最适宜温度决定，一般为 72 ℃。单核苷酸在 DNA 聚合酶的作用下沿着上下游引物方向聚合，生成互补链，而延伸时间由 DNA 聚合酶的扩增效率与扩增片段的长度来确定，后者为主要影响因素。PCR 循环次数一般为 30～40，循环次数太少会导致最终 PCR 产物含量过低，影响后续检测实验，而循环次数太多时，聚合酶的活性降低会增加非特异性扩增，从而导致错配率的增加。本实验将 ITS2 和 psbA-trnH 序列扩增的循环数减少至 35 个，且由于正反引物的 T_m 差别，因此退火过程选择阶段式温度，具体的 PCR 反应条件见表 6-2。

表 6-2 PCR 反应条件

扩增区间	PCR 反应条件
ITS2(P3/E4)	94 ℃，5 min (94 ℃ 30 s，55 ℃ 30 s，72 ℃ 1 min)15 个循环
psbA-trnH(PA/TH)	72 ℃，10 min (94 ℃ 30 s，57 ℃ 30 s，72 ℃ 1 min)20 个循环

采用琼脂糖凝胶电泳检测 PCR 产物，由于 GoldView I 型核酸染色剂有低毒性，因此电泳检测实验必须在独立隔离的电泳室内进行，而且必须严格区分污染区和非污染区，实验者避免直接接触污染区。详细步骤如下：

① 制备 1％琼脂糖凝胶液

将 1.2 g 琼脂糖与 120 mL 电泳缓冲液混合后加热，待琼脂糖完全融化后取出，冷却至不烫手但未凝固时，加入 2～4 μL GoldView I 型核酸染色剂并混匀。(检测较短片段时，可选择制备较高浓度的琼脂糖凝胶液。)

② 制备胶板

将透明板托固定在模具上，迅速倒入上述步骤制备的琼脂糖凝胶液，并用镊子轻拨除去气泡，然后固定好 10 μL 孔径规格的梳子，在室温静置约 30 min 形成稳定的上样孔即可。

③ 点样

取下梳子，将胶板放入电泳槽中(点样孔的一端靠近电泳槽负极)，确保胶孔内无气泡，被缓冲液完全浸没。用微量移液器吸取 4 μL PCR 产物，并依次准确加入每个上样孔中，每一横排均留一个上样孔加入 4 μL 的 DNA-marker，作为片段长度参考标准，同时也可用于判断胶板制备是否存在问题。打开电泳仪，设置电压为 120 V，观察到产物移动到大约 1/2 的位置即可停止。

④ 观察结果

将凝胶置于紫外灯下，调整凝胶到合适位置，观察是否有清晰的单一条带，并依据 DNAmarker 位置初步判断其对应的片段长度。

3. PCR 产物测序

观察电泳检测图后，选取条带清晰且位置正确(ITS2 片段约 200～500 bp，psbA-trnH 片段约 500～750 bp)的 PCR 产物，委托测序公司测序。

4. 数据处理

(1) 序列拼接

利用 CondonCode Aligner V4.2.7 软件对峰图(AB1 格式)进行拼接注释处理，最终输出 FASTA 格式文件，即得到序列。对 ITS2 序列和 psbA-trnH 序列的处理方法分别如下：

① ITS2 间隔区序列

将测序峰图进行拼接并调整方向，剪切去除注释区 5.8S(5.8S 端注释序列：CGAGGGCACGCCTGCCTGGGCGTCA)和 28S(28S 端注释序列：CGACCCCAGGTCAGGCGGGGCCACC)，因为注释区在引物区与所需序列之间，所以去除注释区的同时直接就去除了两端引物区。

② psbA-trnH 间隔区序列

校对拼接处理后，去除两端低质量区和引物区，参照 GenBank 数据库中的同属序列进行注释。

(2) 相似性搜索法

将获得的序列在 GenBank 上的数据库中进行 BLAST(Basic Local Alignment Search Tool)比对，结果中相似度最高的物种即为查询序列最接近的物种。(目前，GenBank 是全球范围内规模最大的 DNA 序列公开数据库。)

四、作业

1. 基于 K2P 模型计算人参、西洋参遗传距离。
2. 对人参、西洋参分子鉴定结果进行聚类分析，构建 NJ 树。

7 实训 固体制剂设备

常用的固体制剂包括散剂、颗粒剂、片剂、胶囊剂、滴丸剂、膜剂等。经典制备工艺流程见图 7-1。

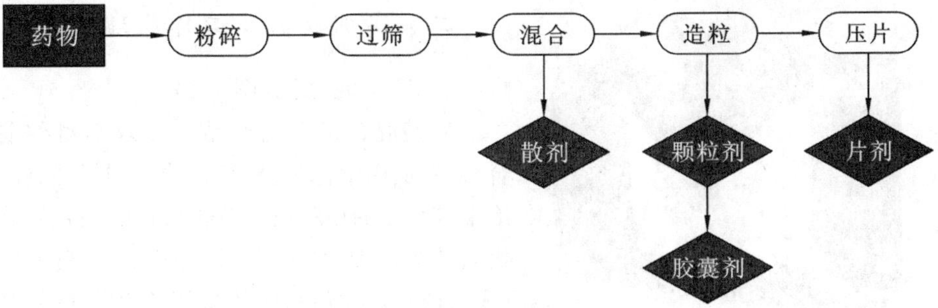

图 7-1 常用固体制剂经典制备工艺流程

散剂：一种或数种药物均匀混合制成的粉末状制剂，可外用也可内服。

颗粒剂：将药物与适宜的辅料配合制成的颗粒状制剂。一般按其在水中的溶解度分为可溶性颗粒剂、混悬型颗粒剂和泡腾型颗粒剂。

颗粒剂的制备工艺与片剂的制备工艺相似，但不需要压成片，而是将制的的颗粒直接装入袋中。

片剂：将药材提取物、药材提取物加药材细粉或药材细粉与适宜辅料混匀压制成的圆片状或异形片状的制剂。

胶囊剂：将药物装于空心硬质胶囊中或密封于弹性软质胶囊中制成的固体制剂。

基本流程中使用到的仪器设备如下：

粉碎：粉碎机；

过筛：振动筛；

混合：混合机；

造粒：高效湿法制粒机、沸腾干燥机、整粒机；

压片：压片机；

片剂：高效包衣机、铝塑包装机；

胶囊剂：胶囊灌装机、铝塑包装机。

一、实训目的

1. 了解固体制剂工业化生产常用设备种类；
2. 熟悉固体制剂中试常用设备的结构与特点；
3. 掌握固体制剂中试常用设备的运行、维护与保养方法。

图 7-2　V 型混合机

二、实训仪器及工作原理

1. V 型混合机(图 7-2)

V 型混合机系列产品为高效不对称混合机，它适用于化工、食品、医药、饲料、陶瓷、冶金等行业的粉料或颗粒状物料的混合。该机器结构合理、简单、操作密闭，进出料方便(人工或真空加料)，筒体采用不锈钢材料制作，便于清洗，是企业的基础设备之一。

机器原理与结构：本机一端装有电机与减速机，电机功率通过皮带传给减速机，减速机再通过联轴器传给 V 型桶，使 V 型桶连续运转，从而带动桶内物料在桶内上、下、左、右混合。

V 型混合机用途：适用于物料流动性良好、物性差异小的粉粒体的混合，以及混合度要求不高而又要求混合时间短的物料混合，由于 V 型混合容器内的物料流动平稳，不会破坏物料原形，因此 V 型混合机也适用于易破碎、易磨损的粒状物料的混合，或较细的粉粒、块状、含有一定水分的物料混合之用。

2. 湿法造粒机(图 7-3)

高速混合制粒机以机身作为支撑，锅为盛料器，搅拌转动与切割飞刀传动为动力，用搅拌桨搅拌物料，使物料在短时间内翻滚混合均匀，再由切割飞刀制成颗粒，最后从出料口排出，改变搅拌和切割飞刀的转速，从而获得不同大小的颗粒。

图 7-3　湿法造粒机

本机由卧式圆筒构成，结构合理。充气密封驱动轴，清洗时可切换成水。流态化造粒，成粒近似球形，流动性好。较传统工艺减少25%黏结剂，干燥时间缩短。每批次干混2 min，造粒1～4 min，工效比传统工艺的提高4～5倍。在同一封闭容器内完成干混-湿混-制粒，工艺缩减，符合GMP规范。

工艺流程：粉体⟶干混⟶黏结剂⟶湿混⟶切割⟶颗粒。

3. 沸腾干燥机（图7-4）

工作原理：将物料（颗粒或细粉）投入干燥器料斗，空气经初中效过滤器过滤后，经加热（蒸汽或电）升温至干燥所需的温度，然后进入主塔，热空气穿过料斗底部的空气分布板，与被干燥物接触，物料被流化，同时物料与热空气进行传热传质，水分挥发后，由热空气带走的细粉进入上部除尘室，由布袋捕集，并由清灰装置重新返回液化室内。

图7-4　沸腾干燥机

4. 整粒机（图7-5）

本机适用于中西药、食品、化工颜料及饲料等行业颗粒的破碎及整理。经各种造粒工艺及设备所得到的颗粒形状及规格各异。造粒后的颗粒经本机高速旋转的刀片组切割后经网板排出，便可得到形状及规格基本一致的颗粒。

图7-5　整粒机

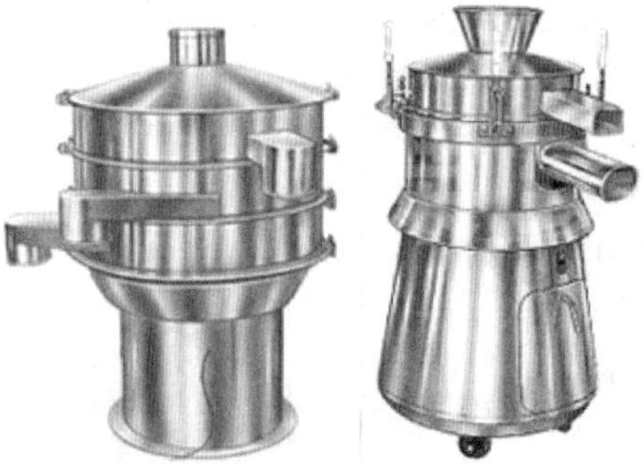

图 7-6 振荡筛

5. 振荡筛(图 7-6)

振荡筛由料斗、振荡室、联轴器、电机组成。振荡室由偏心轮、橡胶软件、主轴、轴承等组成。可调节的偏心重锤经马达驱动传到主轴中心线,在不平衡的状态下产生离心力,使物料强度改变,在筛内形成轨道旋涡。重锤调节器的振幅大小可根据不同物料和筛网进行调节。

振荡筛筛选:任何颗粒、粉末、黏液在一定范围内均可筛选。筛分最细至 500 目或 0.025 mm,过滤最小可至 5 μm。分级筛选,可筛一至五层筛网,能同时进行 2～6 个等级的分选或过滤。高效率精确筛分:全封闭结构,粉末不飞扬,液体不泄漏、网孔不堵塞、自动排放、机内无存料、网架结构无死角、筛网使用面积增加。

6. 胶囊填充机(图 7-7)

图 7-7 是经过精心设计,集帽排列机、体排列机、锁合机为一体的一款小型化胶囊填充机。具备胶囊的排列、锁合功能,减小了机体占地面积,具有美观小巧、操作简单、维护保养方便、耗电少、经济实用等优点。

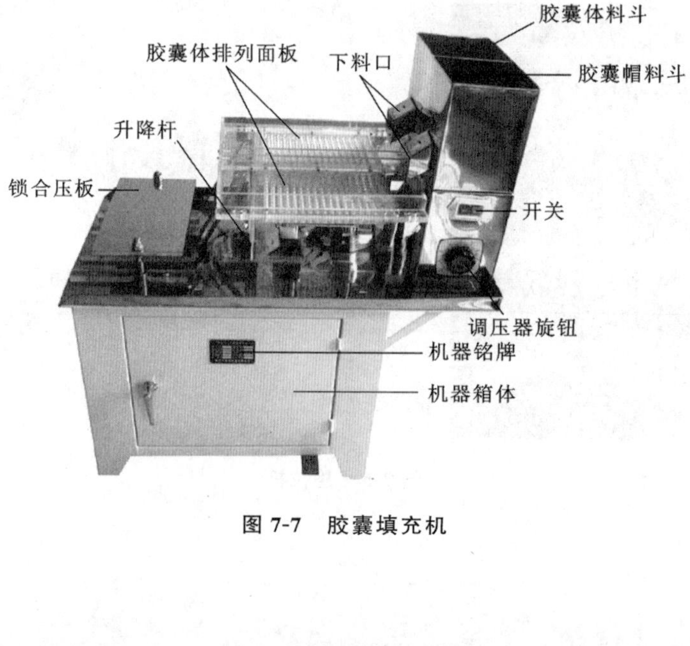

图 7-7 胶囊填充机

7. 高效包衣机(图 7-8)

高效包衣机的工作原理:高效包衣机内具有筛孔滚筒,进行薄膜包衣时,将预先配好的薄膜包衣液经泵打出,以极小雾滴从侧面喷射入滚筒,在滚筒内的片芯表面溶剂迅速挥发而干燥成膜。侧进风、侧排风均不影响包衣液的喷射方式,包衣液能均匀地包覆于片面。

图 7-8 高效包衣机

8. 铝塑包装机(图 7-9)

此处只介绍常用的具有代表性的铝塑泡罩包装机。

平板式铝塑泡罩包装机铝塑卷筒包括铝箔卷筒和塑片卷筒两部分。卷筒主要由筒体、里外定子、制动圈和调节螺母等组成。筒体两端用滚动轴承支承在支承轴上,为卷筒的转动部分,当牵引塑料薄膜或铝箔时,即带动装在卷筒上的卷料自由转动。定子分里外定子,滑套在筒体外圆柱面上,并借固定螺钉固定在筒体的任意位置,用以固定不同宽度的卷料。

图 7-9 铝塑泡罩包装机

铝塑泡罩包装机工作原理:本设备通过 PVC 加热装置将 PVC 加热至设定温度,平板正压泡罩成型装置将加热软化的 PVC 吹成光滑的泡罩,然后通过给料装置充填药片/胶囊,由入窝压辊将已成型的 PVC 泡带同步平直地压入热封铝筒相应的窝眼内，再通过滚筒辊热封装置将铝箔与 PVC 热封，最后通过打字冲裁装置，在产品上打上批号并使产品成型。

三、实训操作步骤

1. V 型混合机

V 型混合机的结构见图 7-10。操作步骤如下：

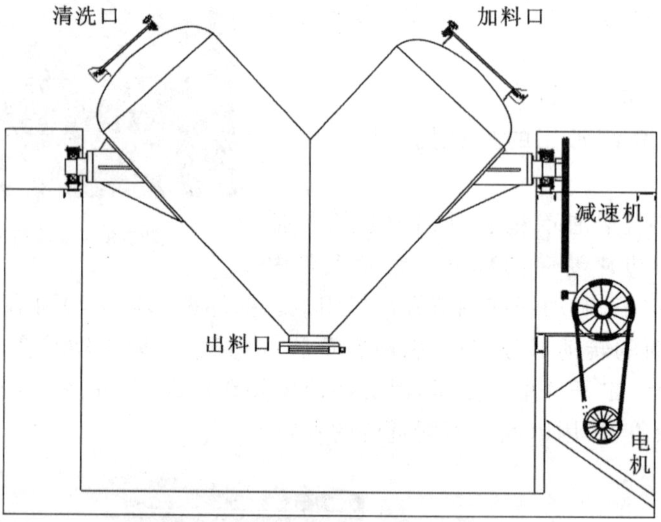

图 7-10　V 型混合机结构

(1) 确认出料口关闭，打开进料口，投料(淀粉 2.8 kg，糊精 0.4 kg)。

(2) 接通 380 V 电源。

(3) 调整好混合物料所需时间，开机，设备开始工作。

(4) 当混合时间到时，设备停止工作，关闭混合开关，点动倒料按钮，使倒料口到达需要倒料的地方。

(5) 关闭电源，开始倒料。

注意事项：

(1) 启动设备时，必须注意并确定筒体运行空间无人和无物，并保证设备运行时人员或移动物不得进入运行空间。

(2) 设备未停稳时，人员不得进入运行空间操作设备。

2. 湿法造粒机

湿法造粒机结构见图 7-11，操作步骤如下：

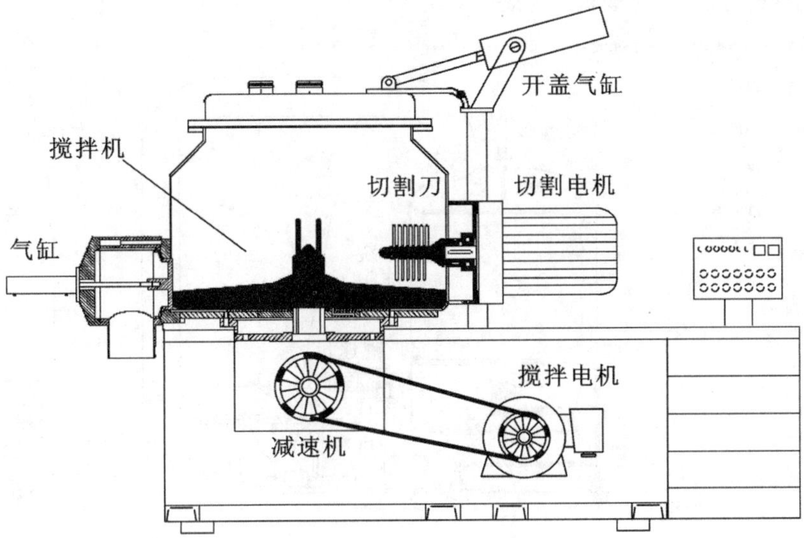

图 7-11 湿法造粒机结构

(1) 检查各机械部分,电器按钮,气、液开关各部分是否正常。

(2) 打开压缩空气供气阀,检查气路及元件,确保无漏气现象,压力不低于 0.5 MPa。

(3) 打开供水阀门,排水口应有回水流出。

(4) 接通电源,按工艺规定调整定时器及供气供液开关,并关好料门。

(5) 开盖,检查并确定搅拌桨及切割刀转动无异常后,加入混合好的物料,关盖。

(6) 干混 30～40 s 后,从盖上的进料窗加入黏合剂、10%淀粉浆 500 mL。

(7) 启动高速搅拌桨进行药粉混合,约 30 s 后启动切碎电机,按工艺要求进行高速或低速切料(制料),约 60 s 后关闭切粒电机。

(8) 打开出料门,启动搅拌桨,将物料完全推出,在出料口接料。

(9) 出料完成后,停止搅拌桨约 20 s,方能开启上盖。

3. 沸腾干燥机

沸腾干燥机的结构见图 7-12。操作前准备工作如下:

将压缩空气调至 0.4～0.6 MPa,检查压缩空气、蒸汽管路、是否出现破裂、阻塞等现象,风机旋向是否正常,电源电压、蒸汽压力是否正常,法兰密封是否到位,电器设备连线是否牢靠。

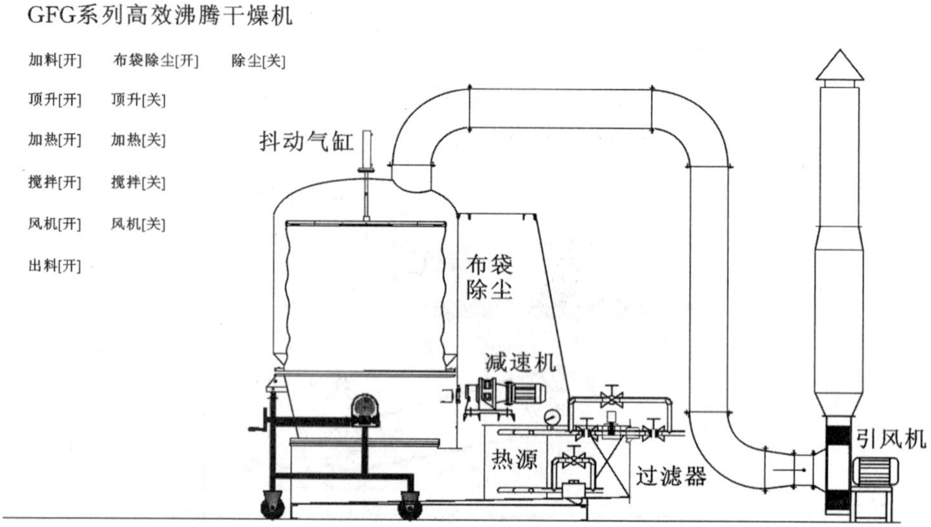

图 7-12　沸腾干燥机结构

操作步骤如下：

(1) 将待干物料放入料斗内，物料不超过料斗容积的 30%，然后将料车推入主机相应位置，开启顶升气缸开关，料斗上升，使料斗内处于密封状态；

(2) 设置干燥用空气温度，调节数显式温度仪的下限温度即可；

(3) 启动引风机，然后开启搅拌电机，干燥一段时间后，从探料器内取出样品，看是否达到干燥要求；

(4) 干燥时，细粉料会粘于上部布袋上，所以应不定期开启自动清灰开关，一般为 10 min 间隔，清灰时间 2～3 min；

(5) 干燥完毕后，先依次关闭加热开关、搅拌电机、引风机，然后再清灰数次，放下顶升气缸，推出料车。

注意：待物料流化良好后，应关闭搅拌电机，以延长齿轮寿命。

4. 整粒机

整粒机的结构见图 7-13，操作步骤如下：

(1) 出料口底端放置接料筒。

(2) 根据工艺要求，将筛子装配好。

(3) 启动变频调速电机，调节整理速度。

(4) 以合适的速度均匀地给整粒机进料。

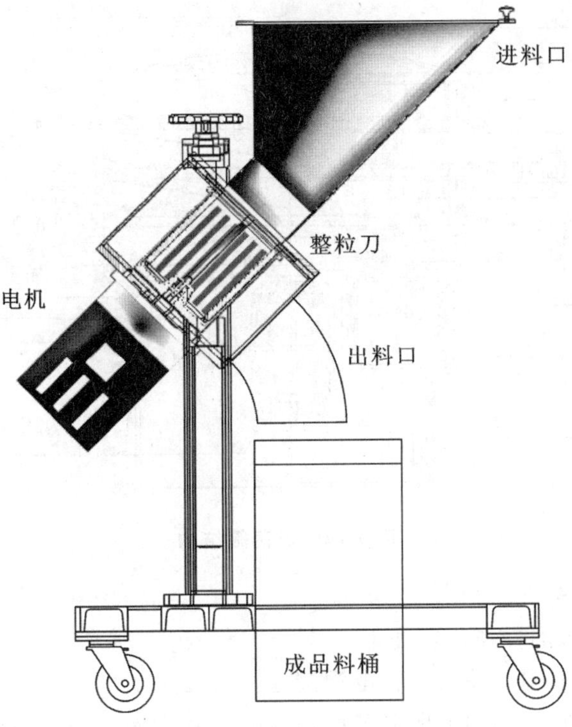

图 7-13 整粒机结构

5. 振荡筛

振荡筛结构见图 7-14,具体操作步骤如下:

(1) 开机前,按工艺要求选用筛网并检查筛网是否破损,若有破损应及时更换。

(2) 根据生产需要调节重锤的角度,获得理想的振幅,使筛子内的物料具有漩涡效果。调节下部重锤时,只要把机座上的活动门打开,对重锤调节器进行调节即可。

(3) 将筛盖锁紧机构锁紧,合上总闸,按启动按钮,看振动、声音是否正常,若有问题应停机检查。

(4) 过筛时,物料加入速度要适当,加得太快物料会溢出,加得太慢影响产量。

(5) 完成过筛后,按停机按钮并拉下总闸。按设备从上而下的顺序清理残留在筛中的物料。

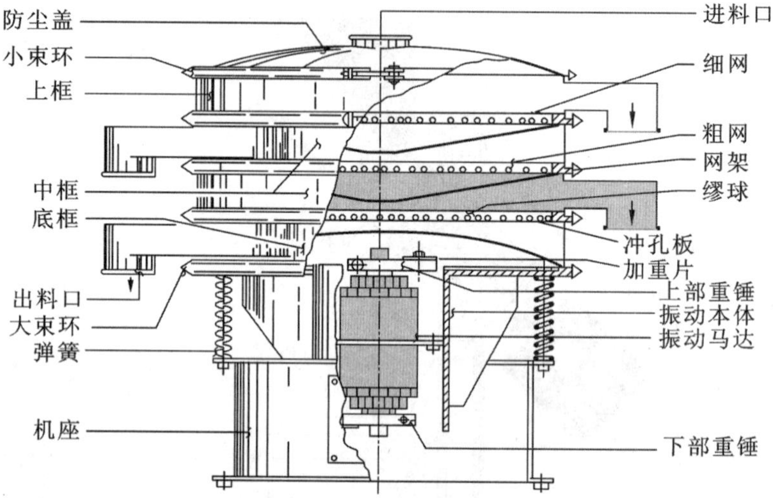

图 7-14　振荡筛结构

6. 胶囊填充机

胶囊填充机的操作步骤如下：

(1) 按下“电源开关”按钮，电源接通。

(2) 缓慢调节“振动强弱调节旋钮”，顺时针方向旋转，此时与“振动支架”连为一体的胶囊排列盘开始振动，用手能摸排列盘，凭感觉调整到一定振荡强度。

(3) 将空心胶囊的帽、体分别放入对应的胶囊排列盘内，每次分别约 300 粒左右。（排列盘的胶囊孔有较大喇叭状导向口的为胶囊体排列盘，另一侧为胶囊帽排列盘。）

(4) 在 10～30 s 内将胶囊帽、体放入胶囊孔中，且口部朝上。如遇个别开口朝下的，可用胶囊帽盖向下轻轻压套，即可轻松套出，换正方向后放入。

(5) 水平手持装胶囊帽板或体板放进对应排列盘下部，往里轻轻一推，排列盘中的空心胶囊就会往下掉入胶囊帽板或体板中，取出胶囊板。

(6) 将药粉倒在胶囊体板上，用刮粉板来回一刮，即可装满药粉，并把多余药粉刮掉。

(7) 将随机配的中间板盖在排放好胶囊的胶囊帽板上，翻转胶囊帽板，使胶囊开口朝下套在已装好药粉的胶囊体板上，轻轻摇晃着压几下，使胶囊帽、体口部吻合。

(8) 将已套合的胶囊板放入“压合板”下面，向下按“压杆”使其到位即完成压合。取出套合胶囊板，倒出胶囊即可。

7. 铝塑包装机

铝塑包装机的结构见图 7-15。

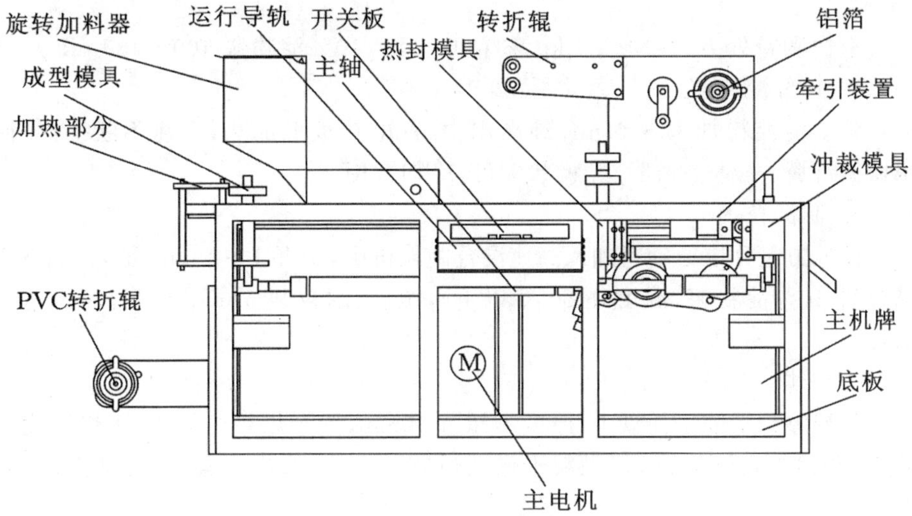

图 7-15 铝塑包装机结构

准备：打开供气、供水阀门。供水流量不能过大，保持水管中始终有水流动即可，调整机内压缩空气，使压力为 0.4～0.6 MPa。

运行：

(1) 接通总电源开关，按操作屏上的“电源”键，按“设置”键，设置“上加热”“下加热”，按升温键，成型温度 100～110 ℃，热封温度 130～140 ℃。

(2) 将 PVC(硬片卷)拉出一段到牵引夹持部位并夹持，待成型温度达到要求时，将铝箔拉出一段到过热封部位，按“启动”键，此时机器开始运转，待成型好的 PVC 移动到热封部位时吹起的泡眼应刚好对准槽内。

(3) 如位置不对(前后移位)，转动成型移动手轮，使成型部位向前或向后移动，达到泡眼落到热封下膜槽内为止。

(4) 左右移动时，可松开热封模，使成型泡罩与热封模良好吻合，此时的网纹应平整清晰，黏合牢固无破损。

(5) 左右不对位时，松开冲切模具的下模固定螺丝，左右移动，直至达到要求。

(6) 打开加料电机,打开料斗的下料阀门进行生产。

(7) 停止使用时,及时关闭电源,停水、停气。

四、胶囊实训工艺流程

空白颗粒处方:淀粉 2.8 kg,糊精 0.4 kg,10%淀粉浆 400~480 mL。

1. 10%淀粉浆

将 50g 淀粉加入 500 mL 纯净水中,置电热板上加热,中途不断搅拌,待水微微沸腾,整体呈透明、黏稠状即可,冷却备用。

2. 制湿粒

按处方量称取原辅料加入高速混合制粒机中,干混 1~2 min,加入 450 mL 黏合剂(10%淀粉浆,温度在 50 ℃以下),湿混、制粒共 5 min,出料,制得适宜颗粒。

3. 干燥

将湿颗粒平铺于托盘中,厚度不超过 10mm,置于烘箱中烘干,干燥温度为 60 ℃,温度要逐渐升高,待颗粒干燥至适宜的水分,取出干颗粒,冷却至 30 ℃以下。

4. 整粒

干燥好的干颗粒用整粒机过 14 目筛整粒。

5. 胶囊灌装

取适量干颗粒,用胶囊机进行胶囊填充。

6. 塑封

将制备好的胶囊置于铝塑包装机的加料器中,用铝塑泡罩包装机进行包装。

五、思考题

1. 固体制剂中制造片剂和胶囊剂的工艺流程是什么,有哪些异同点?
2. 湿法制粒的原理是什么?
3. 沸腾干燥机相比传统烘箱的优势在哪?

附　　录

附录1　Agilent 1220一体式液相色谱仪操作流程

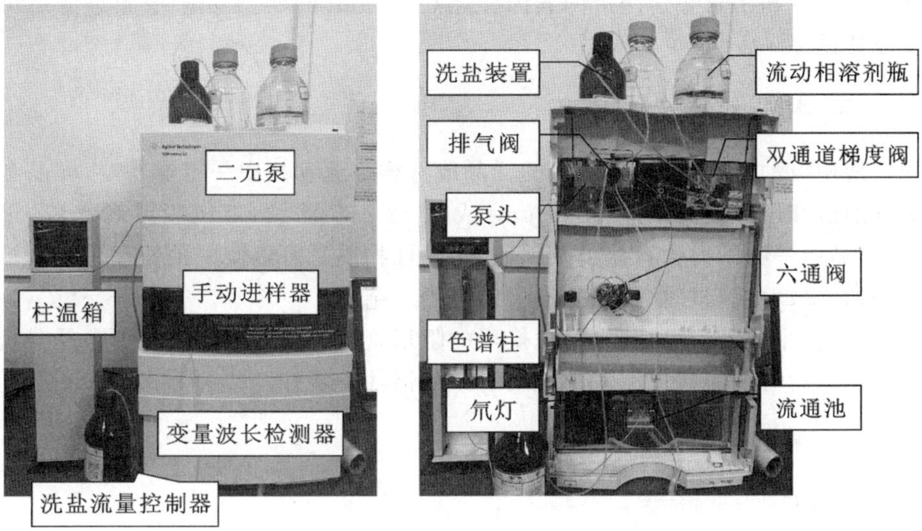

附图1-1　Agilent 1220一体式液相色谱仪

一、准备工作

所用流动相必须经0.45 μm微孔滤膜真空抽滤，然后用超声仪超声30～45 min后，方可作为流动相使用。

甲醇、乙腈等有机溶剂必须为色谱纯，当用酸或者碱来调节流动相pH值时，范围一定不能超过2～7.5。水则必须为去离子水，使用期限不得超过2 d，逾期则要重新配制。流动相瓶口不准用密封带封死，以保证内外压力相等。不要随便更换流动相接口，A瓶(棕色)固定为水相，B瓶(白色)固定为甲醇或乙腈。流动相的流速一般为1.0 mL/min，柱压不超过200 psi(1 psi=0.006895 MPa)。

流动相禁止使用氯仿、三氯(代)苯、亚甲基氯、四氢呋喃、甲苯等,慎用四氯化碳、乙醚、异丙醚、丙酮、甲基环己胺等,以免造成对柱塞密封圈的腐蚀。

当有缓冲盐做流动相时,缓冲溶液与有机溶剂互相转换前一定要用5%甲醇清洗泵,防止盐在有机相中结晶损坏泵中各组件。缓冲溶液的浓度不能高于0.5 mol/L,尽量不超过该色谱柱的pH范围。Cl^-的浓度要小于0.1 mol/L(防止腐蚀流路)。高浓度的缓冲盐会缩短密封垫和活塞的使用寿命,长时间使用0.1 mol/L或更高浓度的缓冲液时,必须用10%异丙醇溶液从泵的背面冲洗掉所有可能存在的结晶(使用洗盐装置,通过流量调节器控制开关及流速),从而保护柱塞杆和密封垫。用后的异丙醇经0.45 μm(或0.22 μm)滤膜过滤后可反复使用2～3次。

二、样品处理

使用流动相溶解样品,测定的样品或标样在流动相中一定要易溶;样品和标准溶液在进样前必须用0.45 μm(或0.22 μm)滤膜(有机膜或者水膜)过滤;样品中一般不得含有盐类及强酸、强碱性物质。可以使用预处理柱除去样品中的强极性或与柱填料产生不可逆吸附的杂质。

注:使用自带色谱柱时,应把换下的阻尼管或色谱柱用堵头(无孔)及时密封。用完后需把实验室原来的阻尼管或色谱柱安装好。

三、测试操作

1. 开机

接通电源,打开计算机。打开液相一体机左下角仪器开关及柱温箱背后开关。待各模块自检完成后,双击“Instrument 1 Online”图标,进入化学工作站安装已配好流动相的溶剂瓶,谨慎操作,防止流动相玻璃滤头被污染。

设置泵。右键点击“泵”图标→“控制”→打开泵。

排气泡。每次新换流动相或长时间未开机,应逆时针旋松“Purge”阀(排气阀),逐个流动相瓶排气泡。右键点击“泵”图标→“方法”,进入泵编辑画面,流速设为1～3 mL/min,点击“确定”,则系统开始排气泡,直到管线内无气泡为止,切换通道继续旋松Purge阀。所有通道完成排气泡后将流速调至0 mL/min,顺时针旋紧关闭Purge阀。

调整流速:关闭Purge阀后,流动相经过色谱柱,流速需以0.2 mL/min为梯度,待柱压稳定后逐步增加,以防冲垮柱头。流动相的流速一般为1.0 mL/min,柱压不超过 200 psi。

2. 数据采集方法编辑

从“方法”菜单选择“编辑完整方法”或“新建方法”，可对方法信息、参数设置（流量、波长、溶剂配比）、数据分析、报告处理（一般不选）、运行时间表进行编辑，完成后保存。也可对现有方法进行修改，从“方法”→“方法另存为”进行保存。自行建立的方法应保存在 E 盘相应文件夹中。

开启检测器。右键点击“检测器”图标→“控制”→开启，沿用当前方法中的波长，或点击“检测器”图标→“方法”进行编辑。点击“视图”选项→勾选“在线信号”，打开在线图谱。

3. 流动相平衡

先用甲醇和水（前者与后者的体积比为 90∶10）冲洗色谱柱，基线稳定后逐步切换比例至流动相中有机相与水相的比例，基线稳定后流速降为 0，更换 A/B 泵流动相至测试所需流动相（更换流动相后需重新排气泡）。

若水系流动相中有缓冲溶液，缓冲溶液与有机溶剂互相转换前一定要用甲醇和水（前者与后者的体积比为 10∶90）清洗泵，并打开 10%异丙醇洗盐装置，将其流速调至约 20 滴/min。

基线调节：Adjust——复位，Balance——强制基线归零，Change——调节图标坐标轴等。基线波动在 0.05 个单位之间表示基线已平稳，准备进样。

4. 进样

样品信息：使用“视图”菜单的“首选项”对话框中的“路径”选项卡，可以添加路径（E:\数据\自建文件夹）。

单针进样：点击“运行控制”→“样品信息”，填写操作者姓名、路径—选择数据文件存储路径（新路径需在“首选项”中添加一次）、选择“手动”或者“前缀/计数器”—给数据文件命名，确定。查看单针，点击。

序列进样：利用自动进样器自动批量进样，本机主要用单针进样，将手动进样阀扳至“load”状态进样（将样品装入定量环内），进样后，将手动进样器扳至“inject”状态，工作站自动开始采集数据。

5. 数据分析

数据分析方法编辑：从“视图”菜单中，点击“数据分析”进入数据分析画面，从“文件”菜单中选择“调用信号”选项，选中数据文件名，点击确定，数据被调出。

打印报告：如想输出到 PDF 打印机上，则点击“报告”底部的“打印”按钮。

如需导出色谱数据绘图，可以将色谱文件导出为 CSV 格式，导出数据类型选择保留时间、响应值、峰面积、峰高等。

6. 关机

关闭检测器：关闭检测器的灯后冲洗系统，可以延长检测器灯的寿命。

冲洗系统：没有盐缓冲溶液的流动相，用甲醇和水（前者与后者的体积比为 90：10）冲洗系统和色谱柱。有盐缓冲溶液的流动相，先用甲醇和水（前者与后者的体积比为 10：90）冲洗系统和色谱柱，完全替换盐溶液。然后用甲醇和水（前者与后者的体积比为 90：10）冲洗系统和色谱柱。

封存色谱柱：用 90%～95%有机相＋10%～5%水相封存反相色谱柱，两端封死（如长时间存放可将柱子完全浸泡于有机相内，以防用纯有机相封存反相色谱柱，如果长期保存，有机相会挥发）。

关闭电脑：将泵流速逐步降至 0 mL/min，单击“关闭”按钮关闭所有模块，退出化学工作站，关闭电脑。

关闭高效液相色谱仪：关闭一体机电源开关、独立柱温箱开关，拔下所有插头。

附录2　常用显色剂配制

一、通用显色剂

1. 碘:检查一般有机物。碘蒸气对很多化合物显黄棕色。

在一个密闭的玻璃缸内先放入碘片,使缸内空气被碘蒸气饱和,将薄层或纸层放入缸内数分钟即可显色。有时在缸内放一盛水的小杯,增加缸内的湿度,可以提高显色的灵敏度。

2. 硫酸:浓硫酸∶水(1∶10),或10%硫酸的乙醇溶液。

3. 四唑蓝试剂:还原性物质在室温或微加热时显紫色。

溶液Ⅰ:0.5%四唑蓝甲醇溶液。

溶液Ⅱ:6 mol/L 氢氧化钠溶液。

临用前溶液Ⅰ和溶液Ⅱ等量混合。

4. 铁氰化钾-三氯化铁试剂:还原性物质显蓝色,再喷2mol/L盐酸溶液,则蓝色更深。

二、生物碱显色剂

1. 改良碘化铋钾试剂:生物碱和某些含氮化合物显橙红色。

取7.3 g碘化铋钾,冰醋酸10 mL,加水60 mL。

2. 碘-碘化钾试剂:生物碱显棕褐色。

碘1 g和碘化钾10 g溶于50 mL水中,加热,加冰乙醇2 mL,加水到100 mL。

3. 硅钨酸试剂(沉淀试剂)

5 g硅钨酸溶于100 mL水中,加盐酸至pH值为2左右。

4. 苦味酸试剂(沉淀试剂)

1 g苦味酸溶于100 mL水中。

5. 鞣质试剂(沉淀试剂)

1 g鞣酸加乙醇1 mL溶解后,再加水至10 mL。

6. 王水

浓盐酸∶硝酸(1∶3)。

三、苷类显色剂

1. 糖的检出试剂

(1) 苯胺-邻苯二甲酸试剂:喷后 105～110 ℃烤 10 min,显红棕色(检测还原糖)。

苯胺-邻苯二甲酸试剂的制备:苯胺 0.93g,邻苯二甲酸 1.66g,溶于水饱和的正丁醇 100 mL 中。

(2) α-苯萘酚-硫酸试剂:喷后 100 ℃烤 3～6 min,多数糖呈蓝色,鼠李糖呈橙色。

试剂制备:15% α-苯萘酚乙醇溶液 21 mL、浓硫酸 13 mL、乙醇 87 mL 及水 8 mL 混合后使用。

(3) Fehing 试剂:本品分甲液与乙液,应用时取等量混合,检查还原糖。

甲液:结晶硫酸铜 6.23 g,加水至 100 mL。

乙液:酒石酸钾钠 34.6 g 及氢氧化钠 10 g,加水至 100 mL。

2. 酚类

(1) 三氯化铁试剂:喷后呈溶绿色或棕红色。

5%三氯化铁水溶液或乙醇溶液。

(2) 三氯化铁-铁氰化钾试剂:酚性物质呈黄色斑点。

溶液Ⅰ:2%三氯化铁水溶液。

溶液Ⅱ:1%铁氰化钾水溶液。

应用时溶液Ⅰ和溶液Ⅱ等体积混合。

(3) 4-氨基安比林-铁氰化钾试剂

溶液Ⅰ:2%氨基安替比林乙醇溶液。

溶液Ⅱ:8%铁氰化钾水溶液。

使用时先喷溶液Ⅰ,再喷溶液Ⅱ即呈色。放入装有 25%氢氧化铵的密闭缸中,即变为橙红-深红色。

3. 蒽醌类

蒽醌及其苷本身在日光下显黄色,在紫外光下则显黄红、橙色荧光,在薄层上用氨薰或喷氢氧化钾等碱溶液,则颜色变深或变色。

(1) 氨气:薰后颜色加深。

(2) 10%氢氧化钾甲醇溶液。

(3) 3%氢氧化钠溶液或碳酸钠溶液。

(4) 1%硼酸水溶液。

(5) 0.5%乙酸镁甲醇溶液：喷后 90 ℃烤 5 min 呈橙红色到紫蓝色。

4. 内酯、香豆素类

(1) 0.5%碘-碘化钾溶液：香豆素显各种颜色，很多其他类型化合物也显色。

(2) 稀氢氧化钠溶液：喷前、喷后在短波长的紫外光下观察荧光。

5. 黄酮类

黄酮类成分在紫外光下大多数显不同颜色，用氨熏、喷三氯化铝溶液或喷氢氧化钠等碱性溶液后，颜色变深或变色。

(1) 氨气。

(2) 10%氢氧化钠(钾)溶液。

(3) 1%或 3%三氯化铝溶液。

(4) 2%乙酸镁甲醇溶液。

(5) 饱和三氯化锑氯仿溶液：100 ℃烤 5 min。

(6) 锆-枸橼酸试剂

溶液Ⅰ：2%氧氯化锆甲醇溶液。

溶液Ⅱ：2%铁氰化钾溶液。

(7) 罗丹明-氨试剂

溶液Ⅰ：0.1%罗丹明 B 的 4%盐酸溶液。

溶液Ⅱ：浓氨溶液。

(8) 对氨基苯碘盐溶液

溶液Ⅰ：0.3%对氨基苯磺酸溶液。

溶液Ⅱ：5%亚硝酸钠溶液。

(9) 硼酸-柠檬酸试剂

溶液Ⅰ：饱和硼酸的丙酮溶液。

溶液Ⅱ：柠檬酸丙酮溶液。

先喷溶液Ⅰ，再喷溶液Ⅱ。

6. 强心苷类

(1) 碱性苦味酸试剂：显橙色或橙红色

1%苦味酸乙醇溶液与 5%氢氧化钠水溶液等量混合。

(2) 乙酐浓硫酸反应

乙酐∶浓硫酸(2∶3)加入几滴，反应液显黄色→红色→蓝色→紫色→绿色。

(3) 三氯乙酸-氯胺 T 试剂

溶液Ⅰ:25%三氯乙酸乙醇溶液。

溶液Ⅱ:3%氯胺 T 溶液。

临用前取溶液Ⅰ与溶液Ⅱ按 1∶4 混合,喷后 110 ℃烤 10 min,紫外灯下观察荧光。

(4) 20%三氯化锑试剂:喷后 100 ℃烤 5 min,在日光及紫外光下观察。

7. 皂苷类

(1) 溶血试验:2%红细胞生理盐水混悬液。

(2) 三氯化锑氯仿溶液:喷后 90 ℃烤 15 min,显不同颜色。

(3) 三氯乙酸-乙酸(1∶2)溶液:喷后 100 ℃烤 20 min,皆显黄色。

四、萜类、甾体类显色剂

1. 香草醛-浓硫酸试剂:5%香草醛浓硫酸溶液。

2. 三氯化锑试剂:25.0 g 三氯化锑溶于 15 g 氯仿中。

五、挥发油显色剂

1. 4-氨基安替比林-铁氰化钾试剂:酚性物质显橙红至深红色。

溶液Ⅰ:2% 4-氨基安替比林乙醇溶液。

溶液Ⅱ:8%铁氰化钾溶液。

2. 碘化钾-冰乙酸-淀粉试剂:斑点显蓝色则为过氧化物。

溶液Ⅰ:4%碘化钾溶液 10 mL 与冰乙酸 40 mL 混合,再加锌粉一小匙过滤。

溶液Ⅱ:新鲜配制的 1%淀粉溶液。

先喷溶液Ⅰ,5 min 后大量喷溶液Ⅱ,直喷到薄层透明为止。

六、有机酸显色剂

1. 溴酚蓝指示剂

取溴酚蓝 0.1 g,加 0.05 mol/L 氢氧化钠溶液 3.0 mL 使溶解,再加水稀释至 200 mL,即得。

2. 溴甲酚紫-柠檬酸试剂

溴甲酚紫 25 mg 及柠檬酸 100 mg 溶于丙酮∶水(9∶1)混合液 100 mL。

七、氨基酸、多肽、蛋白质显色剂

1. 茚三酮试剂:用于氨基酸、氨及氨基糖喷后 110 ℃加热至显出颜色。

试剂Ⅰ:茚三酮 0.3 g 溶于正丁醇 100 mL 中,加冰乙酸 3 mL。

试剂Ⅱ:茚三酮 0.2 g 溶于乙醇 100 mL 中。

2. 双缩脲试剂

溶液Ⅰ:1%硫酸铜溶液。

溶液Ⅱ:40%氢氧化钠溶液。

应用前将溶液Ⅰ与溶液Ⅱ等量混合。

附录3 天然药物中各类化学成分的检识方法

一、挥发油和油脂

1. 油斑实验：将试液滴于滤纸上，能自然挥发或加热后挥发者可能为挥发油。如果出现持久性的透明斑点，可能为油脂。

2. 香草醛浓 HCl 实验：将试液滴于滤纸上，喷洒试剂如显紫、蓝、黄、红色可能含挥发油。（对某些酚类、萜类、甾体等皆可显色。）

二、蒽醌类

1. 碱液实验（Borntragers 反应）：取试液 1 mL 加 1% NaOH 溶液 1 mL，即呈红色或红紫色，亦有呈蓝色者，表示可能有羟基蒽醌。

2. 醋酸镁实验：取试液 0.5 mL，加入试剂 2～3 滴，若有羟基蒽醌类，则会出现橙、蓝、紫色等。颜色随羟基数目、位置而定。

三、香豆素

1. 荧光试验：羟基香豆素类的极稀水溶液发出蓝色荧光，加氨后呈黄色。

2. 异羟肟酸铁反应：取 1 mol/L 盐酸羟胺甲醇液 0.5 mL，置于小试管中，加试液数滴，加 2 mol/L 氢氧化钾甲醇液使溶液呈碱性，在水浴仪上煮沸 2 min，冷却后滴加 5% HCl 使溶液呈酸性，加 1% $FeCl_3$ 溶液 1～2 滴，若出现紫红色，表明有香豆素或其他酯类、内酯化合物。

3. 取试品的乙醇液 2 mL，加 1% NaOH 液 1 mL，沸水浴加热 10 min（若有沉淀，应过滤除去），于澄清的液体中加 2% HCl 液酸化后，溶液变混浊，则为内酯、香豆素类反应。

注：可同时取醇浸液 2 mL，不加试剂对照观察。

四、黄酮类

1. 盐酸镁粉反应：试品的乙醇溶液，加入浓盐酸 5 滴及少量镁粉，沸水浴加热 1～2 min，如呈现红色，表明含有游离黄酮类化合物，如不加镁粉只加浓盐酸即显红色者，可能为花青素。

注：多数黄酮醇、二氢黄酮、二氢黄酮醇显橙色或紫红色，黄酮苷及黄酮醇苷反应不明显，查耳酮、橙酮及儿茶素类无反应。

2. 铝盐络合反应：取试样甲醇液 0.5 mL，滴加 1% $AlCl_3$ 甲醇溶液，呈深黄色，放置后出现黄色荧光者为 3-OH 或 5-OH 或邻二酚羟基黄酮类化合物。

3. 氨熏实验：将滴有试液的滤纸，加上一滴氨水，立即置紫外灯下观察，有极明显的黄色荧光斑点。

五、糖、低聚糖和苷类

1. Molish 反应：取供试液 1 mL 加 10% α-苯萘酚 1～2 滴，振摇，倾斜试管，沿管壁加入浓硫酸 1 mL，界面出现紫红色环，表示含糖苷类。

2. 斐林反应：取试品水溶液 1～2 mL，加入碱性酒石酸铜试剂 1 mL，沸水浴上加热 2～3 min，产生棕红或砖红色沉淀（氧化亚铜），表示含还原糖。

试液与 10%硫酸煮沸 5～10 min，冷后用 NaOH 溶液中和，再加斐林试剂 1 mL 沸水浴加热 2～3 min，产生的沉淀比水解前多，表示含多糖和苷。

六、甾体、三萜皂苷

1. 皂苷泡沫实验

取试品的中性或弱碱性热水溶液 2 mL，用力振摇1 min，如产生大量泡沫，放置 10 min 后泡沫没有显著消失即表明含有皂苷成分。另取两支试管，各加试品热水溶液 1 mL，一管内加 5% NaOH 溶液 2 mL 溶液。另一管内加入 5%盐酸溶液 2 mL，将两试管用力振摇 1 min。观察两管出现泡沫情况，如两管的泡沫高度相似，表明为三萜皂苷，如含碱液管比含酸液管的泡沫高数倍，表明有团体皂苷。

2. 浓硫酸醋酐反应（Liebemann-Burchard 反应）

取试品少许置白瓷板上，加入醋酐 2～3 滴，沿白瓷板加入一微滴（用毛细管加入）浓硫酸，交置面出现红色，渐变为紫色—蓝色—绿色等，最后退色。（三萜皂苷最后变蓝，甾体皂苷最后变绿色。）

3. 氯仿-浓硫酸实验（Salkowshi 反应）

将 2 mL 试品的氯仿液置于试管中，沿管壁滴加浓硫酸 2 mL，氯仿层出现红色，硫酸层有绿色荧光。（如试品不是氯仿溶液，则需将其蒸干，再加 2 mL 氯仿溶解。）

注：如泡沫反应明显，里伯曼反应红色不明显，可取糖、多糖及苷的水解液

置分液漏斗中，加等量乙醚振摇提取，分出乙醚液，加少量无水硫酸钠脱水，挥发干乙醚，再进行里伯曼反应。

七、有机酸

1. pH 试纸检查（pH≤3 的可能含有机酸）。

2. 取试液少许加 5% $AgNO_3$试剂，出现白色沉淀。

3. 溴酚蓝试验：将试液滴于滤纸上，喷洒 0.1%溴酚蓝的乙醇液立即在蓝色背景上显黄色斑色。

八、酚类与鞣质

1. 三氯化铁实验：取中性或酸性液 3 滴，置于试管中，加 1% $FeCl_3$溶液 1 滴，出现蓝、绿、紫色，表明可能含有酚类或鞣质（必要时可加热）。

2. 明胶沉淀实验：取供试品水溶液，过滤，加入明胶试液 1～2 滴，出现混浊或白色沉淀可能有鞣质。

3. 取试液 1 mL，加 0.1%盐酸小檗碱溶液 2～3 滴，如变混浊有沉淀表明可能有鞣质。

4. 于滤纸上滴加试液，用三氯化铁-铁氰化钾试剂喷洒，若有明显蓝色，表明有酚类存在。

九、生物碱

1. 试品酸性水溶液加碘化铋钾试剂若产生棕色沉淀或变混浊则为阳性反应。

2. 试品酸性水溶液加碘-碘化钾试剂若产生橙红色沉淀或变混浊则为阳性反应。

3. 试品中性水溶液与苦味酸试剂作用若产生黄色沉淀或变混浊则为阳性反应。

4. 试品酸性水溶液加磷钨酸试剂若产生白色沉淀或变混浊则为阳性反应。

十、强心苷

1. 亚硝酰铁氰化钠反应（Legal 反应）：将试品溶于 2～3 滴吡啶中，加入 0.3%亚硝酰铁氰化钠溶液 1～2 滴，再滴加 10% NaOH 溶液呈红色，渐渐消退。

2. 3,5-二硝基苯甲酸实验(Kedde 反应):将试品少许加乙醇数滴溶解,加入 Kedde 试剂,呈紫色。

注:上述 2 个实验为五元不饱和内酯环反应。

3. 三氯化铁-冰醋酸反应(Keller-Kiliani 反应)

取试液 1 mL 加含 0.5% $FeCl_3$ 的醋酸溶液 1 mL,沿管壁滴加 H_2SO_4 1 mL,液面出现棕色(或其他颜色)环,冰醋酸层呈绿色,而后变为蓝色。(2-脱氧糖反应,杂质多时不明显,最好分离纯化后再进行。)

十一、蛋白质、多肽及氨基酸

1. 双缩脲(Biuret)实验:取试样 0.5 mL,加入 1% NaOH 溶液 1~2 滴,滴加 0.5% $CuSO_4$ 试液 2 滴,摇匀,若出现紫色、红紫色则表明含多肽或蛋白质。

2. 茚三酮(Ninhydrin)实验:取试液 0.5 mL,加入试剂 1~2 滴摇匀,沸水浴加热数分钟,应出现蓝色、紫色或红紫色,或将试液滴于滤纸上,烤干,喷洒试剂,再于 100 ℃加热 2~5 min 呈现前述颜色亦可。